Autor: Wolfgang Jocher
Herausgeber: Willi Fausten

Verantwortung übernehmen ...

Dieses Arbeitsbuch gehört:

_____

Impressum
Bibliografische Information der Deutschen Nationalbibliothek: Die Deutsche Nationalbibliothek verzeichnet diese Publikation in der Deutschen Nationalbibliografie; detaillierte bibliografische Daten sind im Internet über http://dnb.d-nb.de abrufbar.
© 2019 Inhaber sämtlicher Rechte (Text, Bild): Mag. oec. JKU Wolfgang Jocher, wolfgang@jocher.at
Covergestaltung, Titel und Geleitwort: © Willi Fausten, D-84186, Vilsheim
Bildnachweis: Autorenfoto: © Fotostudio Berger, 4060 Leonding, Österreich
© 2019 Herstellung und Verlag: BoD – Books on Demand, Norderstedt.

Originaltitel: Schienen legen". Sonderedition für Fausten Consulting mit einem Geleitwort von Willi Fausten. Herausgeber: Willi Fausten

ISBN: 9783738615494

Gendererklärung: So weit möglich, wurde darauf Bedacht genommen, Damen und Herren explizit im Text anzusprechen. Wo genau dies nicht erfolgt ist, stellen wir klar, dass selbstverständlich immer Damen und Herren gleichrangig gemeint sind.

Inhalt

Zum Geleit 9
Verantwortung übernehmen. 9
Mein Tipp 11
Vorwort des Autors 12
Rechtsgrundlagen 15
Das Schienengleichnis 16
Ein paar Zahlen zum Einstieg 18
Risikotreiber 20
   Reisen 20
   Grenzenlose Unternehmertätigkeit 20
   Fehlende Großfamilie 21
   Medizinischer Fortschritt 21
   Gestiegene Lebenserwartung 22
   Folgeerscheinungen 22
   Die „vergessene" Zielgruppe 25
Entscheidungsfähigkeit, Vollmachten, etc. 27
   Entscheidungsfähigkeit 27
   Regionale Geltungsbereiche 30
   Verfügungen 31
   Patientenverfügung 31
   Organentnahmeverfügung 32
   Vollmachten 33
   Beispielvollmachten 35
   Vollmachten errichten und beglaubigt unterschreiben
   36
   Die Generalvollmacht: Fluch und Segen 36
   Vorsorgevollmacht 38
   Patientenvollmacht 39
   Vollmachten und Banken 40
   Vollmachten und das eigene, kleine Unternehmen 42

Ausgewählte Fälle 44
  Umfassende Projekte (Hausbau, ...) 44
  Unternehmensgründung 45
  Beispiele aus Ihrer eigenen Umgebung 45
  Prominente Betroffene 46
  Aufenthalt im (fremdsprachigen) Ausland 47
  EinzelunternehmerInnen 48
Allgemeine Stolpersteine 50
  Verlust der Entscheidungsfähigkeit 50
  Information der Angehörigen per Zufall 51
  Fehlende Vollmachten und Verfügungen 51
  Bloßes Hochladen von Dokumenten 52
  Fehlende Informationen 52
  Kumulation von Schlüsselfunktionen 53
  Aufbau- und Ablauforganisation 53
Der richtige Zeitpunkt 55
  Eheschließung, Gründung von
  Lebenspartnerschaften 56
  Geburt eines (Ihres) Kindes 56
  Patchworkfamilien 57
  Unternehmensgründung 57
  Ihre „Kinder" auf Reisen 58
  Volljährigkeit 58
  Übersiedlung 59
Organisation ist alles 60
  Wer sind überhaupt „die Betroffenen?" 61
  Wer informiert wen und wie? 62
  Bitte anrufen", ICE-Nummern 62
Vorkehrungen für den Fall der Fälle 66
  Versicherungsprodukte 66
  Ihr persönliches Notfallsystem 68
  Geldreserven 68

Vertrauenspersonen 70
Ihre Dokumentensammlung 73
Ihre Sicherheitsfitness 74
Spezielle Fragen und Hinweise 77
Vorausgeplante Abläufe 79
Ihr persönliches Notfallpaket 80
   Das Minimalpaket 80
   Relevante Themen 81
   Urkunden 81
   Vertrauenspersonen 81
   Bankkontakt 82
   Beschreibung technischer Systeme 83
   Rechtsanwalt bzw. Notar 83
Wenn „es" passiert ist 85
   Erste Priorität 85
   Zweite Priorität 89
   Dritte Priorität 91
Umsetzung 92
   Das macht Ihr Leben wertvoll 92
   1)   Liste der Verfügungen und Vollmachten 93
   2)   Ihre Vertretungen 95
   3)   Schlüsselinformationen 96
   Allgemeine Daten 96
   Ausgelagerte Gegenstände 98
   Ihr Geld in fremden Händen 98
   Terminkalender 99
   Gesundheit 99
   Nahestehende Personen 100
   Computer, Internet 101
   Smart Home 101
   Kontoverbindungen 101
   Banksafes 102

Wertpapierdepot 102
Kreditkarten 103
Verträge 103
Verträge mit Versicherungen 104
Verträge mit Telefonanbietern 104
Internet 104
Miet- und Pachtverträge 105
Gebuchte Reisen 105
Bonuskarten 105
Fahrzeuge 106
Liegenschaften 106
Sonstige Rechte 107
Verpflichtungen 107
Testphase 108
Nachwort 109

Zum Geleit

Von Willi Fausten, Consultant, Berater für systematische, integral umfassende Notfallvorbereitung, Organisation und Coaching. D-84186 Vilsheim.

Verantwortung übernehmen.

Die Organisation des persönlichen, privaten und beruflichen Alltags sowie die Vorsorge und Organisation von Notfallsituationen im Besonderen, ist eine Aufgabe, die uns alle betrifft. Weil es jeden von uns plötzlich treffen kann, trägt auch jeder die persönliche Verantwortung dafür, dass im Fall der Fälle - nämlich bei Tod, Koma, Verlust der Entscheidungs- und Geschäftsfähigkeit - sich Vertrauenspersonen sofort um Ihre Angelegenheiten kümmern und sich mit bisher unbekannten Bereichen Ihres Lebens auseinandersetzen können.

Ich hatte als einziges Dokument einen Organspendeausweis in meiner Geldbörse. Auch einige weitere Themen waren analog in einem Notfallordner organisiert. Erst als ich vor einiger Zeit dieses Büchlein durchgelesen habe, wurde mir schlagartig meine Verantwortung für jene Personen klar, von denen ich erwarte, dass sie sich um mich und meine Angelegenheiten kümmern, wenn ich es selbst nicht mehr kann.

Spreche ich mit Menschen im Freundeskreis, insbesondere mit Unternehmern, Unternehmerinnen und Führungskräften aus dem Mittelstand über das Thema Vorsorge und Organisation für eine Notfallsituation, sagen die meisten: „Ach ja, ich müsste mich eigentlich mal um die Organisation und Themen wie Vorsorgevollmacht, Patientenverfügung, Betreuungsverfügung, Nachlassplanung, Testament und Nachfolgeplanung und die vielen Details wie Bankvollmachten bis hin zum Beauftragen zum Löschen allfälliger Daten in den sozialen Medien und bei Internetprovidern kümmern. Aber ich habe ja so wenig Zeit! Ich weiß nicht, wie und wo ich anfangen soll!"

Dementsprechend wird diese so wichtige Aufgabe immer wieder hinausgeschoben. Wenn z.b. nicht geregelt ist, wer was zu tun hat, wenn Sie im Sterben liegen oder aufgrund eines Unfalls für unbestimmte Zeit die Fähigkeit zu selbstständigen Entscheidungen oder gar zum Führen Ihres eigenen Unternehmens verlieren, wird das weitreichende Folgen haben. Zusätzlich geht es auch darum, Ihre weiteren Angelegenheiten und Aufgaben des Alltags, privat oder als Unternehmer, rechtzeitig und gut für den Fall des Falles zu organisieren.

Je nach Alter, Familienstruktur, privater, beruflicher, sozialer Lebens- und Vermögenslage besteht ein sehr komplexer und variabler Notfallorganisations- und Regelungsbedarf. Aus eigener Erfahrung beim Bearbeiten dieser Themen kann ich nur sagen: Das ist eine gewaltige Herausforderung, sowohl organisatorisch als auch mental. Gerade auch auf die mentale Ebene kommt es an, weil es schon eine gewisse psychische Herausforderung ist, zum Beispiel mit Familienmitgliedern über Krankheit oder Tod zu sprechen und über Regelungs- und Organisationsstrukturen im Fall der Fälle zu diskutieren.

Ich selbst bin jetzt jedenfalls gerüstet und habe meine Verantwortung für meine Vertrauenspersonen wahrgenommen. Und Sie?

Mein Tipp

Nutzen Sie bitte als erstes diesen Ratgeber um sich informieren. Nutzen Sie die Informationen und Tipps. Greifen Sie an. Es wird sich lohnen.

Wolfgang Jocher als Autor und ich als Unterstützer seiner Initiative wünschen uns ein breiteres, öffentliches Bewusstsein für die Problematik. Ich wünsche Ihnen, lieber Leser, liebe Leserin, dass Ihnen nichts passiert. Bereiten Sie sich dennoch vor. Es kann jeden treffen.

In diesem Sinne wünsche ich der Initiative, die von diesem Buch ausgeht, viel Erfolg.

Vorwort des Autors

Bevor es ins Detail geht, stelle ich als Autor klar: Sie erhalten hier keinerlei Rechtsberatung, denn diese ist Rechtsanwälten und Notaren vorbehalten.

Der Inhalt dieses Buches soll Ihnen hingegen möglichst viele Ansatzpunkte zum Nachdenken und zum kritischen Reflektieren Ihrer eigenen Lage in die Hand geben, damit Sie Ihrem Rechtsanwalt oder Notar die richtigen Fragen stellen können.

Die Rechtslage in Bezug auf die in diesem Buch beschriebenen Fälle ist nicht einmal in den Ländern der EU gleich, in den Ländern außerhalb der EU ist sie teilweise sehr unterschiedlich. Daher können an dieser Stelle nur grundlegende und im Wesentlichen organisatorische Anleitungen angeboten werden.

Die Inhalte dieses Buches wurden sorgsam recherchiert und nach bestem Wissen und Gewissen wiedergegeben. Dennoch wird jede Haftung ausgeschlossen.

Indem Sie weiterlesen, akzeptieren Sie diese Einschränkungen und Vorbehalte.

Wunderbar, fangen wir also an!

Dieses Buch ist als Arbeitsbuch konzipiert. Durch Ihre Eintragungen wird es zu ihrer ganz persönlichen Dokumentation Ihrer eigenen Sicherheitsstrategie.

Zunächst erfahren Sie - unterlegt mit verschiedenen konkreten Fällen - einiges über die Grundidee

Ihres individuellen Notfallkonzeptes und wie Sie Ihr individuelles Notfallsystem gestalten können. Sie lesen folgende Hauptkapitel:

Entscheidungsfähigkeit, Vollmachten, etc.

In diesem Buch, das ja für die Praxis geschrieben worden ist, ist es notwendig, den einen oder den anderen Begriff vorneweg zu klären. Aber keine Angst, alles ist für Sie als PraktikerInnen formuliert und es wird daher keinesfalls zu juristisch werden. Weiterführende Detailinformationen hält ohnehin Ihr Rechtsanwalt oder ihr Notar für Sie bereit.

Ausgewählte Fälle

Alle diese Fälle haben sich tatsächlich so ereignet und ich schildere hier meinen subjektiven Informationsstand. Die Namen und Orte sind selbstverständlich so verändert, dass ein Rückschluss auf das echte Ereignis kaum möglich ist. Das Schildern dieser Fälle dient keineswegs der Effekthascherei, sondern soll Sie in erster Linie zum Nachdenken anregen. Erkennen Sie daraus Analogien zu Ihrer eigenen Lage und entwickeln Sie daraus Ansatzpunkte für Ihr eigenes Vorgehen und für Ihre eigenen Vorsorgemaßnahmen.

Allgemeine Stolpersteine

Wenn auch direkt bei den einzelnen dargestellten Fällen immer wieder auf die den betreffenden Fall kennzeichnenden Fragestellungen eingegangen wird, so kann man dennoch zusammenfassend ein paar generell bedeutende Themen erkennen. Diese sind in diesem Kapitel zusammengestellt und werden dort im Detail besprochen.

Rechtsgrundlagen

Obwohl es in diesem Buch im Schwerpunkt um das Organisieren Ihres persönlichen Notfallkonzepts geht, seien dennoch ohne Eingriffe in die Tätigkeit der Rechtsanwälte und Notare folgende Anmerkungen zu den rechtlichen Gegebenheiten gestattet:

- Dieses Buch baut in seiner Begrifflichkeit auf der österreichischen Rechtsordnung auf.
- In Österreich hat das Erwachsenenschutzrecht mit Stichtag 1. Juli 2018 das bisher geltende Sachwalterrecht abgelöst. Die Vertretung Erwachsener wird nun sehr ähnlich zu den in Deutschland geltenden Rechtsnormen abgehandelt. Dabei gilt grundsätzlich, den vertretenen Erwachsenen vor überbordenden Beschränkungen zu bewahren und stattdessen sehr individuell auf seine aktuelle Lage einzugehen.

Wie gesagt, in allen Rechtsfragen ist Ihr Rechtsanwalt bzw. Ihr Notar der kompetente Ansprechpartner.

Das Schienengleichnis

Binsenweisheit Nr. 1: Wenn der Zug kommt und die Schienen fehlen oder sind marode, dann entgleist er und dann haben die Medien etwas Sensationelles zu berichten. Sonnenklar.

Binsenweisheit Nr. 2: Alle wissen ebenfalls: Fährt der Zug bereits auf einer Weiche, dann entgleist der Zug, wenn man erst jetzt die Weiche stellt. Ebenfalls sonnenklar.

Binsenweisheit Nr. 3: Hat der Zug erst einmal die Weiche passiert, dann hilft auch noch so engagiertes Umstellen der Weiche nicht mehr. Der Zug fährt in die falsche Richtung!

Auch im Leben gelten diese 3 Binsenweisheiten, aber vielleicht denken Sie jetzt, dass man im Leben doch auch umkehren oder zumindest rechtzeitig stoppen kann. Das stimmt grundsätzlich, mal geht es einfacher, mal ist erhöhter Kraftaufwand erforderlich.

Damit sind wir auch schon mitten im Thema angelangt. Denn dieses Schienengleichnis lässt sich auch auf Ihr Leben, auf Ihr selbstbestimmt gestaltetes Lebenskonzept, auf Ihre eigenverantwortliche Lebensführung umlegen. So lange Sie über Ihre volle Entscheidungsfähigkeit verfügen, werden Sie das, was Sie wollen, auch umsetzen. Das ist für die allermeisten Menschen selbstverständlich, denn sie stehen ja mit beiden Beinen sozusagen mitten im Leben. Was soll da also schon passieren?

Aber was ist, wenn … ja, wenn Sie unverhofft Ihre Entscheidungsfähigkeit verlieren sollten, sei es durch einen Unfall, durch einen Schwächeanfall mit unglücklichem Sturz auf den Hinterkopf, durch eine vermeintlich harmlose Narkose? Dann hat der Zug die entscheidende Weiche bereits passiert, dann fehlen möglicherweise die weiterführenden Schienenstränge. Es handelt sich dabei um jene Schienen, die Sie beizeiten im vollen Besitz Ihrer Entscheidungsfähigkeit in die richtige Richtung hätten legen können und sollen.

Dieses Buch soll und wird Sie zumindest zum Nachdenken anregen. Wenn Sie dann auch noch entsprechende Handlungen setzen, dann hat sich Ihre kleine Investition gelohnt. Und Sie werden auch erkennen, dass Ihnen die beste Versicherung in diesem sehr heiklen Teilbereich nicht helfen kann.

Ein paar Zahlen zum Einstieg

Auf meine Anfrage hin hat mir der Bundesverband Schädel-Hirnpatienten in Not e.V. Deutsche Wachkoma Gesellschaft, Bayreuther Straße 33, 92224 Amberg, (http://www.schaedel-hirnpatienten.de) mitgeteilt, dass in Deutschland insgesamt etwa 30.000 (dreißigtausend!) Menschen im Koma liegen (inklusive einiger Tausend Wachkomapatienten).

Wesentlich interessanter ist aber die Tatsache, dass in Deutschland etwa 40.000 (vierzigtausend!) Menschen jährlich ins Koma fallen, also neu hinzukommen. Da etwa genauso viele Komapatienten aus dem Koma wieder aufwachen oder sterben ohne aus dem Koma wieder aufgewacht zu sein, ergibt sich der etwa gleichbleibende „Bodensatz" an Komapatienten (ca. 30.000).

Das bedeutet also jährlich etwa 40.000 effektiv auftretende Situationen, die sich abgesehen von den gesundheitlichen und materiellen Folgen für die unmittelbar Betroffenen zusätzlich auch für deren Umfeld (Familien, Klein- und Kleinstunternehmen, ...) von einer Minute auf die andere materiell mitunter verheerend auswirken können.

Die Publikation "Gesundheit" des Statistischen Bundesamtes Deutschland (Diagnosedaten der Patienten und Patientinnen in Krankenhäusern (einschl. Sterbe- und Stundenfälle), Fachserie 12, Reihe 6.2.1 - 2016, Tabelle 2.2 nach Hauptdiagnose (dreistelliger ICD-Schlüssel) und Altersgruppen) weist für 2015 insgesamt etwas mehr als 19,7 Millionen stationäre Fälle aus. Dass diese Zahlenwerte etwa drei Jahre alt sind, stört hier nicht weiter, denn es geht hier nur um Größenordnungen. Darunter befinden sich (alle Zahlen auf Tausend gerundet):

- Kopfverletzungen: 403.000
- Vorhofflimmern und Vorhofflattern: 298.000
- Hirninfarkte: 251.000
- Herzinfarkte: 223.000
- Lungenembolien: 56.000
- Arterielle Embolien und Thrombosen: 21.000
- Herzstillstände: 7.000

Das sind insgesamt fast 1,3 Millionen Fälle mit erhöhtem Risiko, die Entscheidungsfähigkeit zu verlieren. Wenn wir dieses Risiko hier mit einer Wahrscheinlichkeit des tatsächlichen Eintritts mit nur 3 % ansetzen, dann sind das immerhin fast 39.000 zusätzliche, allerdings natürlich potentielle Fälle.

Wenn man weiters annimmt, dass sich unter den restlichen Fällen (18,4 Millionen) weitere etwa 1 Promille (also mehr als 18.000) Risikopersonen befinden, dann sehen wir immerhin insgesamt 57.000 zusätzliche Risikopersonen, die die jährlichen 40.000 „sicheren" Komafälle signifikant ergänzen.

Risikotreiber

Es klingt auf den ersten Blick wohl maßlos überheblich, erscheint aber bei näherer Betrachtung einleuchtend: Dieses Buch wendet sich im Prinzip an alle Menschen, wobei sich aus den geänderten Lebensumständen folgende wichtige Risikotreiber ableiten lassen:

Reisen

Wenn wir uns etwa in die Zeit der Postkutsche zurückversetzen, dann war einerseits das Reisen überhaupt für nur Wenige ein Thema und auch die Reisedistanzen waren im Vergleich zur Gegenwart geradezu mickrig.

Heute ist eine Reise mit dem Flieger fast so problemlos wie mit dem Reisebus zu bewältigen und es macht an sich auch kaum einen Unterschied, ob man nach 120 km Fahrt aus dem Bus, oder nach 12.000 km Flug aus dem Flieger steigt (nur anders reden tun die Leute dort halt, und die Uhrzeit ist möglicherweise auch ein bisschen anders, aber sonst ...).

Grenzenlose Unternehmertätigkeit

Weltweite Geschäfte sind mittlerweile auch für Klein- und KleinstunternehmerInnen durch den Einsatz moderner Kommunikationstechnologien jederzeit und weltweit von fast jedem beliebigen Ort aus möglich.

So entstehen besonders für quirlige und innovative Kleinstunternehmen reale Chancen, gemessen an ihrer

Größe wirtschaftlich bedeutende Umsätze und Erträge zu erzielen.

Alles in allem ist unsere Welt sehr klein geworden. Jede Ecke ist uns nahe und so manche(r) reitet heute auf einem Elefanten, der/die das für sich selbst niemals für möglich gehalten hätte.

Fehlende Großfamilie

Die „Großfamilie" im weitesten Sinn gibt es nicht mehr. Daher weiß heute kaum jemand von sich aus und quasi automatisch durch den täglichen persönlichen Kontakt sogar zu engsten Familienmitgliedern, wo die wesentlichen Lebens-, Interessens- und Geschäftsschwerpunkte des Einzelnen liegen. Viele Väter und Mütter wissen nicht, was Herr Sohn oder Frau Tochter im Detail so treiben. Das gilt natürlich auch umgekehrt.

Medizinischer Fortschritt

Insbesondere die aktuelle professionelle Notfallmedizin mit ihren schlagfertigen Rettungsketten hat in den letzten Jahren bedeutende Fortschritte erzielt.

Zumindest in den westlichen Industriestaaten startet umgehend ein leistungsfähiger Notfallhubschrauber mit einem routinierten und bestens ausgebildeten Notarzt sowie entsprechender Notfallausrüstung an Bord, und im Krankenhaus steht alles für Sofortmaßnahmen in bester Qualität bereit.

Es wird also alles unternommen, um Ihr Überleben auch in schier ausweglosen Situationen bestmöglich zu gewährleisten.

Gestiegene Lebenserwartung

Zum Fortschritt der Notfallmedizin kommt noch die gestiegene Lebenserwartung dazu. Nehmen wir an, es ereilt Sie im Alter von 40 Jahren ein Unfall, der Ihnen dauerhafte Gehirnschäden beschert und somit Ihre Entscheidungsfähigkeit vielleicht für den Rest Ihres Lebens radikal einschränkt.

Bei einer durchschnittlichen Lebenserwartung von z.b. 55 Jahren hätten Sie statistisch noch 15 Jahre zu überleben, bei einer durchschnittlichen Lebenserwartung von 85 Jahren sind das aber immerhin 45 Jahre! Es macht nun sehr wohl einen erheblichen Unterschied aus, ob Sie 15 Jahre oder 45 Jahre Ihres Lebens in allen Ihren Entscheidungen betreut werden müssen oder nicht.

Dass sich in unserer dynamischen Zeit schon innerhalb von zwei bis drei Jahren sehr viel verändern kann, ist allgemein bekannt. Daher sind „langsame" 15 Jahre Restlebenszeit mit rasanten 45 Jahren Restlebenszeit kaum zu vergleichen.

Wer nimmt nun jemanden ohne Entscheidungsfähigkeit auf diese Zeitreise mit, wie schafft er das?

Folgeerscheinungen

Insgesamt steigt daher die Zahl derer, die einen schweren Unfall oder eine plötzlich auftretende schwere Erkrankung (Herzinfarkt, ...) zwar überleben, aber gleichzeitig irreparable körperliche oder geistige Schäden davontragen könnten. Solche Menschen werden daher für den Rest ihres Lebens möglicherweise auf Dauer gepflegt werden müssen, und verlieren durch einen Gehirnschaden höchstwahrscheinlich auch ihre Entscheidungsfähigkeit.

Dieser letztgenannte Umstand wird gerne übersehen, er kann sich aber gerade für wirkliche KleinstunternehmerInnen höchst fatal auswirken. In solchen Fällen greifen nämlich das Erbrecht und daher auch das Thema „Testament" nicht. Zur Lösung bedarf es somit anderer, individuell gestaltbarer Vorsorgemodelle fernab bekannter Versicherungsverträge.

Dieses Buch beschäftigt sich insgesamt mit einer gewaltigen und sich stetig ausdehnenden Vorsorgelücke, die uns die gestiegene Lebenserwartung, der erweiterte Lebenshorizont, die moderne Medizin an sich aber besonders auch unser modernes System der Notfallmedizin beschert haben.

Gerade die moderne Notfallmedizin mit ihren vorgelagerten schnellen Rettungsketten erhöht nämlich unsere Chance, ein tragisches Unfall- oder Krankheitsereignis zwar zu überleben, aber dabei mehr oder minder schwere körperliche und/oder geistige Dauerschäden zurückzubehalten. Nun wiegen schon körperliche Dauerschäden schwer genug, allerdings sind es im Schwerpunkt die geistigen Dauerschäden und/oder die Zeiträume, die eventuell im Koma verbracht werden müssen, die uns hier beschäftigen.

Die Zielgruppen dieses Buches sind somit offenbar wirklich allumfassend! Ganz speziell zum Lesen und Umsetzen sind aber alle Menschen aufgefordert, die

- häufig reisen, egal, ob sie das selbst wollen oder beruflich müssen,
- Träger von Spezialwissen sind (Entwicklungstechniker, Softwareentwickler, Programmierer, ...),
- Verantwortung tragen (Familie, Unternehmen, ...),
- als EinzelunternehmerInnen tätig sind und die in ihrem Unternehmen ohne zweite(n) Geschäftsführer(in) auskommen müssen oder die nicht zumindest jemanden beschäftigen, der/die mit Prokura ausgestattet ist,
- in gefährlichen Jobs tätig sind (Feuerwehr, Polizei, Militär, ..., es muss nicht immer gleich „Stuntman" sein),
- gefährliche Sportarten ausüben (Bergklettern, Paragleiten, Fallschirmspringen, ...),
- ein privates Wohnhaus errichten. Fatal, wenn der befugte Entscheider plötzlich ausfällt. Abgesehen von der finanziellen Seite fehlt plötzlich jene(r), die / der bisher mit den Professionisten alles besprochen hat und für sie rechtsverbindlich entschieden hat: „Lassen sie uns das doch so oder so machen",
- ihre Kinder ins (eventuell weit entfernte) Ausland schicken oder geschickt haben, um sie dort z.B. studieren oder ein Praktikum absolvieren

zu lassen. Für welche Mutter oder für welchen Vater ist es nicht wichtig, sofort über einen Unfall oder eine plötzliche Erkrankung informiert zu werden?

Die „vergessene" Zielgruppe

Die wohl am heftigsten betroffene, aber leider auch am häufigsten vergessene Zielgruppe sind jene Menschen, die durch einen schweren Unfall oder eine plötzliche Erkrankung zwar nicht direkt zu Schaden gekommen sind, die aber das folgende Desaster danach quasi mit auszubaden hätten, weil z.b. der Zugriff auf wichtige Finanzressourcen fehlt.

Dramatische finanzielle Lagen können sich etwa ergeben, wenn der/die unmittelbar Betroffene z.b. in ein Pflegeheim eingewiesen werden muss oder Spezialbetreuung benötigt. Wenn dann niemand von den „nur" mittelbar Betroffenen befugt ist, Gelder aus der Sphäre des / der komatösen Patienten bzw. Patientin zum Bezahlen der Betreuungsrechnungen zu verwenden, wird es rasch sehr eng. Geld wäre dann wahrscheinlich genug da, aber es ist blockiert und alle Zahlungen sind daher von dritter Seite - in aller Regel von den mittelbar Betroffenen - zunächst einmal vorzufinanzieren.

In aller Regel fehlen auch Entscheidungsbefugnisse. Das kann sich für ein kleines, mühsam aufgebautes Unternehmen verheerend auswirken, von dessen Prosperität bisher auch Familienmitglieder finanziell abhängig waren.

Daher sollten gerade auch Sie als mögliche(r) mittelbar Betroffene(r) darüber nachdenken, wie Sie sich selbst für einen solchen Fall bestens absichern bzw. solide vorbereiten könnten. Ihr aktivierendes, engagiertes und nachhaltiges Einwirken auf jene(n) Menschen, von dem (von denen) Sie derzeit abhängig sind, kann von erheblicher Bedeutung für das Entwickeln und das Umsetzen vorsorglicher Maßnahmen im Ernstfall sein. Es ist wohl der berühmte Tritt in den Allerwertesten, der hier notwendig wäre.

Entscheidungsfähigkeit, Vollmachten, etc.

Ohne in juristische Tiefen abzutauchen (dafür ist der Rechtsanwalt oder der Notar zuständig) sei dazu grundsätzlich folgendes ausgeführt:

Die Rechtsmaterie rund um den Themenbereich „Erwachsenenschutzrecht" stellt sich insgesamt relativ komplex dar.

Denn einerseits geht es ja darum, die Eigenständigkeit einer Person weitgehend zu beachten und jedenfalls sicherzustellen. Andererseits soll genau dieser Person bei der Bewältigung von Ausnahmesituationen bestmöglich geholfen werden, wenn sie zu selbstbestimmten Entscheidungen und Aktionen unfähig sein sollte. Hier sind Meinungsverschiedenheiten in der Einschätzung der jeweiligen Lage vorprogrammiert.

Gerade in den hier bedeutenden Fällen ist unter Umständen sehr rasches Handeln gefragt. Dem „richtigen" Einschätzen hinsichtlich der Effektivität und Relevanz von Zuständen, die präventiv als Bedingung für das Einschreiten durch Bevollmächtigte festgelegt worden sind, kommt daher erhebliche Bedeutung zu. Das bedeutet auch, dass jede einschreitende Person die volle Verantwortung für ihr aktives Tun (oder ihr vielleicht ängstliches Unterlassen) übernimmt.

Entscheidungsfähigkeit

Das Ausmaß der aktuellen Entscheidungsfähigkeit des / der Betroffenen zum Zeitpunkt des Schaderereignisses spielt hier eine wesentliche Rolle.

Der Begriff „Entscheidungsfähigkeit" umschreibt im Prinzip die Fähigkeit eines Menschen, die volle Tragweite seiner Entscheidungen und Handlungen zu erkennen und für sich selbstbestimmt und eigenverantwortlich zu entscheiden. Abhanden gekommene Entscheidungsfähigkeit ist für jene Situationen, die wir hier besprechen, von entscheidender Bedeutung.

Zur grundlegenden Definition des Begriffes „Entscheidungsfähigkeit" und zur Diskussion rund um die Feststellung, ob jemand, der/die bislang voll entscheidungsfähig war, zu einem bestimmten Augenblick, hier und jetzt immer noch und in welchem Umfang entscheidungsfähig ist oder nicht, gibt es umfangreiche wissenschaftliche Literatur. Siehe speziell dazu:

Internet Publikation für Allgemeine und Integrative Psychotherapie (ISSN 1430-6972) IP-GIPT-DAS=23.04.2007 Internet-Erstausgabe, letzte Änderung 13.10.2016 von Dipl.-Psych. Dr. phil. Rudolf Sponsel.

Im konkreten Notfall ist allerdings kaum die wissenschaftlich fundierte Feststellung des Grades der Entscheidungsfähigkeit gefragt. Wichtig ist hingegen die rasche(!) Antwort auf die Frage, ob jemand als InhaberIn einer Vollmacht aufgrund eben dieser Vollmacht in einem bestimmten Sachverhalt hier und jetzt nach seinem bestem Wissen und Gewissen einschreiten darf bzw. soll oder nicht, weil der / die VollmachtgeberIn hier und jetzt offensichtlich der Hilfe und

Unterstützung im Sinne Ihrer Vollmacht bedarf. Der Vergleich mit dem Thema „Erste Hilfe bei Unfällen" drängt sich auf. Auch da ist zu entscheiden: „Kann ich, soll ich, darf ich, könnte ich etwas Falsches tun, ...?".

Jemand Bevollmächtigter ist in einer solchen Situation vor allem in objektiv schwer fassbaren Grenzfällen besonders gefordert und mit der Frage konfrontiert: „Kann der/die Betreffende eine bestimmtes anstehendes Thema, ein aktuelles Problem noch alleine und auf sich gestellt bewältigen oder ist bereits ein bisschen oder doch schon spürbare Unterstützung bis hin zur kompletten Abwicklung durch den / die Bevollmächtigte(n) notwendig?".

Die Vollmachtnehmerseite trägt hier klarerweise eine mitunter große Verantwortung, auf die es mir wichtig ist gesondert hinzuweisen. Daher ist nach meinem Dafürhalten auch das Vertrauensverhältnis zwischen der Vollmachtgeber- und Vollmachtnehmerseite von entscheidender Bedeutung.

Gerade diese Verantwortung entsteht auch aus der Tatsache heraus, dass unser Leben viel mehr als nur die Eckpunkte „Null und Eins", „Hell und Dunkel", „Schwarz und Weiß" kennt und somit nicht als digital organisierbar einzustufen ist. Wir erleben Gott sei Dank auch die Schattierungen „Dunkelweiß" oder „Hellschwarz" und dazwischen ganz viele Farbtupfer.

Nachträglich ist es durchaus möglich (und ganz einfach machbar), dass jemand gutachtend zur Feststellung kommt, dass per Vollmacht eingeräumte Kompetenzen entweder zu spät oder zu früh oder zu wenig entschieden oder zu überbordend wahrgenommen worden sind. Die Lebenserfahrung zeigt allerdings, dass bei inhaltlich korrekter Anwendung einer mit Bezug auf die Entscheidungsfähigkeit erteilten Vollmacht mit einer derartigen nachträglichen Überprüfung kaum zu rechnen ist.

Beim Bewältigen von Notfallsituationen geht es anderseits im Schwerpunkt darum,

- dass alle relevanten Verfügungen und Vollmachten schriftlich und
- formaljuristisch haltbar bereits
- vorsorglich niedergelegt worden sind und
- dass sie im Bedarfsfall rasch und sicher an den Ort kommen, wo sie im Ernstfall benötigt werden, um dem Willen des Patienten bestmöglich entsprechen zu können.

Schon das richtige Erstellen einer Verfügung oder einer Vollmacht stellt sich mitunter als ein sehr anspruchsvolles formaljuristisches und beratungsintensives Thema dar. Zusätzlich verbirgt sich hinter dem Absichern des raschen Transports einer Verfügung irgendwo hin oder hinter dem unverzüglichen Wirksamwerden einer Vollmacht auch eine weitere organisatorische Aufgabe.

Regionale Geltungsbereiche

Andere Länder, andere Vorschriften. Das gilt - leider – sogar auch innerhalb der EU. Aber ganz besonders gilt das natürlich in den Ländern außerhalb der EU.

Daher muss die Frage, ob z.B. eine Vollmacht oder eine Verfügung im Notfall auch außerhalb Ihre Wohnsitzlandes gilt, immer wieder aufmerksam diskutiert werden. Für den Fall der Fälle können nämlich zum Abdecken desselben Sachverhalts mehrere separate länderspezifische Urkunden notwendig sein. So empfiehlt es sich etwa für geplante Auslandsreisen zu überlegen, ob die eine oder die andere Vollmacht länderspezifischen Vorgaben angepasst werden muss.

Verfügungen

Eine Verfügung entspricht inhaltlich einer Anordnung und dokumentiert einen bestimmten konkreten Willen einer Person, dass etwas so und so geschehen soll. Im Gegensatz zu einer Vollmacht wird hier verlangt, dies und das wie gewünscht abzuwickeln.

Im Zusammenhang mit der hier besprochenen Thematik gilt in erster Linie der Patientenverfügung und der Organentnahmeverfügung besonderes Augenmerk. Fallweise können auch andere Verfügungen notwendig sein (z.B. Verfolgen einer bestimmten Veranlagungsstrategie bei der Verwaltung eines Wertpapierdepots).

Patientenverfügung

In Ihrer Patientenverfügung legen Sie für sich selbst fest, was man behandlungs- und pflegetechnisch zu unterlassen hat, wenn offensichtlich „nichts mehr geht". Die Patientenverfügung legt also Leitlinien fest, wenn die ärztliche Entscheidung ansteht, Ihr Sterben entweder mit Gewalt und unter Einsatz von allen möglichen medizinischen Kunstgriffen soweit und solange es geht hinauszuzögern oder Ihren Tod in Würde und unter Vermeidung von Schmerzen und Qualen zuzulassen.

Bitte beachten Sie, dass einige wesentliche rechtliche Voraussetzungen für das rechtgültige Zustandekommen Ihrer Patientenverfügung erfüllt sein müssen. Ihr Notar oder Rechtsanwalt informiert Sie gerne im Detail.

Folgendes Szenario wollen wir uns nun kurz anschauen:

Stellen Sie sich vor, Sie haben eine gültige Patientenverfügung erstellt, die den gesetzlichen Vorschriften entsprechend richtig zustande gekommen ist.

Wissen Sie, wie Ihre Patientenverfügung dem Sie behandelnden Krankenhaus zugänglich gemacht werden kann (z.B. im fernen Ausland)? Bei der Umsetzung Ihrer Patientenverfügung ist jedenfalls Tempo, Tempo angesagt, denn sonst werden Sie womöglich auf eine Art behandelt, die Sie in Ihrer Patientenverfügung ausgeschlossen haben.

Organentnahmeverfügung

In Ihrer Organentnahmeverfügung legen Sie fest, ob Ihrem Körper im Falle Ihres Hirntodes Organe entnommen werden dürfen oder nicht. Es mag Sie vielleicht beruhigen, dass Sie z.B. in Deutschland per Gesetz nicht automatisch OrganspenderIn sind. In Österreich allerdings sind Sie als Hirntote(r) automatisch per Gesetz OrganspenderIn, wenn keine schriftliche gegenteilige Erklärung Ihrerseits vorliegt.

Bei der Umsetzung von Organentnahmen gilt allerdings immer das Recht jenes Landes, in dem Sie sich gerade befinden. So lange Sie sich daher in Deutschland aufhalten, sind Sie per Gesetz keine OrganspenderIn. Wenn Sie sich aber in Österreich eingereist sind, dann sind Sie per Gesetz OrganspenderIn. Denn jetzt gilt für Sie österreichisches Recht, denn Sie befinden sich ja in Österreich.

Es lohnt sich also jedenfalls, Ihren Organspenderwillen explizit schriftlich auszudrücken. Sie schaffen damit Klarheit. Auch hier ist klarerweise Tempo bei der Übermittlung Ihrer Organspenderverfügung an das Krankenhaus höchst wichtig!

Vollmachten

Eine Vollmacht kennt zunächst den/die Vollmachtgeber(in) als jene Person, der/die diese Vollmacht entweder selbst ausstellt oder vom Notar errichten lässt.

Damit wird der/die VollmachtnehmerIn ermächtigt, im Namen, auf Rechnung und auf Gefahr des/der VollmachtgeberIn in einem bestimmten sachlichen Zusammenhang eigenständig aktiv zu werden. Eine Vollmacht räumt also immer Handlungsspielraum für den / die Vollmachtnehmer in einem abgegrenzten Sachgebiet ein.

Die Existenz von Vollmachten ist übrigens die Grundvoraussetzung dafür, dass Menschen für jemand anderen einschreiten, Entscheidungen treffen und gegebenenfalls gegen Dritte durchsetzen können.

Eine Vollmacht stellt umgekehrt auch eine sehr wichtige schützende Schranke dar. Denn nur jene Menschen sind ermächtigt, die der Vollmachtgeber dafür bestimmt bzw. ausgewählt hat. Es kann also niemand ohne eine entsprechende und von Ihnen als VollmachtgeberIn ausgestellte Vollmacht in Ihrem Namen, auf Ihr finanzielles Risiko und auf Ihre Gefahr für Sie irgendetwas in die Wege leiten, wofür Sie dann später geradezustehen hätten.

Lassen Sie sich nicht beirren und vertrauen Sie keinesfalls darauf, dass Ihre Vertrauenspersonen ja ohnehin bei jenen Institutionen sehr gut persönlich bekannt sind, bei denen sie für Sie tätig werden müssen und dass das Vertretungsthema zumindest in Ihrem Fall auch ohne den ganzen aufwändigen und teuren Vollmachtenkram funktionieren wird.

Es kann nämlich nicht Sinn der Sache sein, dass sich Ihre Vertrauenspersonen zusätzlich zu dem Aufwand, den sie für Ihren Beistand ohnehin schon treiben (müssen), auch noch in für sie rechtlich und finanziell riskante Situationen begeben (müssen)!

Auch auf den folgenden Umstand weise ich an dieser Stelle besonders hin. Es ist allenfalls zu vermeiden, dass jemand für einen Dritten eine Vollmacht ausstellt ohne ihn darüber zu informieren! Es ist eben diesem Dritten hingegen Gelegenheit zu geben, eine solche Vollmacht als Vollmachtnehmer bewusst und die Tragweite wahrnehmend anzunehmen oder sich kritisch dazu zu äußern oder sie auch zurückzuweisen.

Der Vollmachtnehmer sollte am besten sogar explizit etwa folgenden Text sagen und diesen auch unterschreiben:

„Jawohl, ich nehme diese Vollmacht an und ich werde sie im Falle des Falles nur nach bestem Wissen und Gewissen zugunsten des Vollmachtgebers anwenden. Ich habe Zugang zu allen nötigen Informationen, das erforderliche Fachwissen, sowie die psychische und die physische Kraft, die darin liegende Verantwortung in vollem Umfang zu übernehmen und den Anforderungen im Sinne dieser Vollmacht gerecht zu werden".

Beispielvollmachten

Das Internet hält Beispiele und Textvorschläge zu allen möglichen Vollmachtvarianten für viele denkbare Szenarien bereit. Bevor solche Beispieltexte auf die eigene Situation angewendet werden, ist aber eine genaue Prüfung angeraten. Denn die im Endeffekt gültigen Vollmachten sollen ja auch wirklich den eigenen Anforderungen entsprechen und die eigenen spezifischen Anforderungen abdecken.

Inhaltlich ergeben sich aus der spezifischen Situation, für die eine Vollmacht errichtet wird, eine Fülle von wichtigen beachtenswerten Einzelheiten und „Nebenschauplätzen". Darüber hinaus können in erster Linie Notare oder Rechtsanwälte aus ihrer besonderen Erfahrung heraus fundierte Auskünfte und Anregungen geben.

Vollmachten errichten und beglaubigt unterschreiben

Mit der Beglaubigung einer Unterschrift bestätigt ein Notar nur, dass der, der unterschrieben hat, auch wirklich derjenige gewesen ist, der unterschrieben hat, und nicht jemand, der bloß vorgegeben hat, derjenige zu sein welcher, ... Für den Inhalt des unterschriebenen Dokuments trägt er als Notar keine Verantwortung (er hat diese Vollmacht ja auch nicht errichtet).

Ein Notar errichtet eine Vollmacht, indem er sie selbst gemäß den Zielvorstellungen des Vollmachtgebers formuliert. Er stellt damit sicher und haftet dann auch dafür, dass mit der betreffenden Vollmacht auch tatsächlich das und nur das bewirkt werden kann, was der Vollmachtgeber wollte.

Das Errichten einer Vollmacht ist naturgemäß wesentlich kostenintensiver als die bloße Beglaubigung einer Unterschrift. Es gibt andererseits viele komplexe Situationen, die das Errichten von Vollmachten durch den Notar oder Rechtsanwalt angeraten erscheinen lassen. Das gilt besonders dann, wenn z.B. unmündige Kinder involviert sind, ein Unternehmen betroffen ist oder wenn es um die Handhabung von speziellen Rechten wie z.B. von Patent- oder Markenrechten geht.

Die Generalvollmacht: Fluch und Segen

Ein Kollege hat mir einmal gesagt: „Pass auf, diese ganzen vielen Vollmachten sind doch ein Unsinn. Ich stelle lieber eine Generalvollmacht z.B. für meine

Frau aus, und die Sache ist gegessen, denn sie macht schon alles richtig!"

Na ja, ganz so einfach ist das nur auf den ersten Blick. Lassen Sie uns nachdenken:

Das gesamte Konstrukt „Vollmachten für eine(n) bestimmte(n) Vollmachtnehmer(in)" spielt sich im folgenden Spannungsfeld ab:

- Sicherheit für den (die) Vollmachtgeber(in),
- Überschaubarkeit und Umsetzbarkeit für den(die) Vollmachtnehmer(in),
- Kostenfrage,
- Flexibilität zur Abdeckung möglichst vieler Situationen,
- Eindeutigkeit, Klarheit
- Rechtskonformität
- Gültigkeit (regional)

Eine Generalvollmacht ermächtigt jedenfalls den/die Vollmachtnehmer(in) - also in diesem konkreten Fall die Gattin meines Kollegen - wirklich zu allen Handlungen, die ihm selbst als dem Vollmachtgeber auch zustehen würden. Nur die Banken sehen das anders (dazu später).

Das erfordert zunächst einmal ein erhebliches Maß an Vertrauen. Es fällt daher VollmachtgeberInnen oft sehr schwer, bei Bedarf in diesem generellen Umfang „loszulassen". Auf der anderen Seite ermöglicht eine Generalvollmacht dem/der Vollmachtnehmer(in), auch auf solche neue und/oder unerwartete Situationen zu reagieren, die beim Erstellen von Spezialvollmachten nicht bedacht worden sind oder nicht bedacht werden konnten. In solchen Situationen erleichtert eine Generalvollmacht das Agieren für die Vollmachtnehmer.

Mit einem entsetzten „Oh, oh, oh" könnten Sie als VollmachtgeberIn da reagieren. Es kann aber trotz allem sinnvoll sein, zunächst von einer Generalvollmacht sozusagen als Einstiegspunkt auszugehen und sich dann von dort aus zu den Spezialitäten vorzuarbeiten.

Schlussendlich sollte bei Vorhandensein mehrerer VollmachtnehmerInnen jemand nominiert worden sein, der oder die im Falle des Falles den gesamten Ablauf des vereinbarten Notfallprogramms koordiniert. Für diese Person wäre wieder so etwas wie eine Generalvollmacht zweckmäßig.

Vorsorgevollmacht

Eine solche Vollmacht darf nur bei Vorliegen einer ganz bestimmten Situation eingesetzt werden. In diesem Sinn sollten sämtliche hier besprochenen Vollmachtvariationen als Vorsorgevollmachten formuliert werden. Denn Vorsorgevollmachten dürfen in der Regel nur dann eingesetzt werden, wenn eine bestimmte Voraussetzung vorliegt.

In unserem hier behandelten Themenbereich kann das der Totalverlust der Entscheidungsfähigkeit sein oder auch nur die Unfähigkeit, selbstbestimmt in einem eng begrenzten Bereich (z.B. Disposition eines Wertpapierdepots...) aktiv zu werden.

Wichtig erscheint mir nochmals die Feststellung, dass die Einschätzung in kritischen Fällen mit kurzen Reaktionszeiträumen meistens dem/der VollmachtnehmerIn überlassen bleibt, ob eine festgelegte sachliche Voraussetzung gegeben ist oder nicht. Diese Einschätzung sollte einfach und klar möglich sein.

Man stelle sich in der Realität vor, wie jemand außenstehender Dritter vorgehen soll, der aufgrund der Vorlage einer solchen Vollmacht vor seinem Tätigwerden erst das Vorliegen einer bestimmten Voraussetzung (Entscheidungsfähigkeit im relevanten Bereich für das anstehende Thema gegeben: ja / nein) nachprüfen müsste. Die Situation für den bedauernswerten Dritten könnte von heilloser Überforderung, Rechtsunsicherheit, Unfähigkeit (Unwilligkeit?) zum Handeln geprägt sein. Die Pflicht zur Entscheidungsfindung wäre im Zweifel praktischerweise dem / der VollmachtnehmerIn in einer bilateralen Zusatzvereinbarung zur Vollmacht aufzuerlegen.

Patientenvollmacht

Im Gegensatz zur Patientenverfügung kann der Inhaber einer Patientenvollmacht entscheidend von außen her mitwirken, die Behandlungswege für den Vollmachtgeber maßgeblich wie er selbst zu gestalten und eine allfällig vorhandene Patientenverfügung auch gegen den Willen Dritter durchzusetzen.

Das ist manchmal eher schwierig, weil die Gesetzeslage des jeweiligen Landes dagegenstehen kann oder die behandelnden ÄrztInnen aus welchen Gründen auch immer ihr eigenes Behandlungsregime durch-

bzw. umsetzen wollen. Da sind die Standhaftigkeit und manchmal auch die Härte des Vollmachtinhabers extrem gefordert.

Eine Patientenvollmacht wirkt also erstens anders als eine Patientenverfügung und sie kann zweitens jedenfalls umfassender und der konkreten Situation individueller und besser angepasst eingesetzt werden als eine Patientenverfügung.

Klarerweise gilt auch hier, dass eine Patientenvollmacht nur dann Sinn macht, wenn sie im Bedarfsfall auch tatsächlich eingesetzt wird. Wichtig ist auf alle Fälle Schnelligkeit beim Informieren des betreffenden Krankenhauses. Unerwünschte Behandlungsvorgänge werden so vermieden.

Vollmachten und Banken

„Beim Geld hört die Freundschaft auf", diesen Merksatz kennen Sie, und darum sind Banken in aller Regel auf diesem Ohr sehr, sehr sensibel und hören genau hin.

Mit einer bloßen Generalvollmacht läuft da gar nichts. Sie benötigen jedenfalls eine spezielle Bankvollmacht, in der alle Konten explizit angegeben sind, die Ihre Bankvollmacht umfassen soll. Manche Banken bestehen sogar darauf, dass solche Vollmachten auf dem entsprechenden von der betreffenden Bank entwickelten Formular im Beisein des Bankmitarbeiters ausgefüllt und unterschrieben werden.

Wenn eine Bankvollmacht mit Angabe aller Konten beim Notar errichtet wird, dann hat das den

Nachteil, dass man wegen jedem neuen Konto zum Notar gehen muss, um die betreffende Vollmacht (kostenpflichtig, versteht sich) zu ändern. Da erscheint es schon einfacher und auch kostengünstiger, lieber gleich bei der betreffenden Bank zumindest eine Zeichnungsberechtigung auf allen dort geführten Konten zugunsten einer Vertrauensperson einzurichten.

Dagegen könnte man nun einwenden, dass eine Zeichnungsberechtigung ja sofort wirksam ist und nicht erst beim Eintreten eines bestimmten Zustandes beim Kontoinhaber. Stimmt, aber Hand aufs Herz: Vertrauen Sie jemandem wirklich in Geld- und Bankgeschäften? Wenn ja, dann wird sich diese Vertrauensperson wohl auch an eine Vereinbarung halten, auf Ihrem Konto z.b. erst bei Vorliegen Ihrer Entscheidungsunfähigkeit zu disponieren.

Diese Spielart der Bankvollmacht hält aber noch Spezialeffekte für den entscheidungsunfähigen Kontoinhaber bereit, wenn anonyme Bankkonten oder Wertpapierdepots oder Safes vorliegen, die vielleicht auch noch steuerlich bisher nicht deklarierte Geldbeträge oder Geldscheine beherbergen (ja klar, so etwas gibt es!).

Denn scheint ein solches Konto oder Depot oder ein solcher Safe in der Bankvollmacht nicht auf, dann ist das dort geparkte Vermögen schlicht und einfach dem Zugriff der Vollmachtnehmer entzogen. Wenn der Inhaber stirbt, bevor er aus dem Koma erwacht ist, dann gibt es auch für allfällige Erben keinen Zugriff, außer, solche Konten werden dann im Testament offengelegt.

Auf alle Fälle schimmeln genug so entstandene Vermögenswerte in unbekannter Höhe in den Tresoren der Banken vor sich hin. Sie fristen ihr Dasein als lange Zeit unbewegte und daher auf niedrigstem Niveau verzinste Guthaben. Bei anonymen und nicht deklarierten Wertpapierdepots besteht zusätzlich noch die Gefahr, dass sie ihren Wert z.b. durch Insolvenz der emittierenden Aktiengesellschaft gänzlich verlieren, weil die betreffenden Wertpapiere mangels Disponibilität nicht rechtzeitig veräußert worden sind. Unentdeckte Kursverluste durch dynamische Börsenentwicklungen schlagen sowieso voll durch.

Noch etwas sei an dieser Stelle ausdrücklich gesagt. Rechnen Sie jedenfalls damit, dass ein Bankkonto bei Tod des Kontoinhabers sofort gesperrt wird und dass daher von dort keine Auszahlungen oder Überweisungen mehr durchgeführt werden können. Ein solcher Konto-Generalstopp kann für das von den dort geparkten Beträgen abhängige Umfeld wirklich höchst gefährlich sein und sich auf die wirtschaftliche Existenz dieser Menschen sehr gefährdend auswirken.

Vollmachten und das eigene, kleine Unternehmen

Die Betriebsgrößenstatistik sagt, dass im Durchschnitt etwa 95 % aller Unternehmen der EU nur wenige bis keine MitarbeiterInnen beschäftigen und dass mehr als 50 % aller Unternehmen der EU tatsächlich nur Einpersonenunternehmen (EPU) sind.

Die Führung der hier angesprochenen Kleinunternehmen liegt normalerweise in den Händen von

Einzelpersonen, Vertretungsformen wie Prokura oder Handlungsbevollmächtigte fehlen. Das betrifft z.B. in Deutschland immerhin 95 % aller 3.000.000 Unternehmen, die in Deutschland aktiv tätig sind!

Von der positiven Entwicklung eines solchen Kleinst- oder Kleinunternehmens sind insgesamt in erster Linie die Unternehmerperson selbst und deren Familie unmittelbar abhängig. Aber auch die MitarbeiterInnen (und deren Familien) erwarten monatlich, dass ihre Löhne und Gehälter zuverlässig und fristgerecht ausbezahlt werden.

Wenn nun eine solche Unternehmenspersönlichkeit für unbestimmte Zeit ausfällt und dabei unglücklicherweise auch noch seine Entscheidungsfähigkeit verliert (sei das nun für eine bestimmte Zeit oder für immer), dann bedeutet das für dieses Unternehmen akute Lebensgefahr. Niemand außer dem Chef oder der Chefin kann nämlich ohne entsprechende Vollmacht für das Unternehmen handeln. Ohne Unterschrift des Chefs oder der Chefin gibt es daher leider z.B. keine Lohn- und Gehaltsauszahlung, keine Hereinnahme eines neuen Auftrags, keinen Ankauf einer neuen Maschine, ...

Daher der wichtige Rat: Begeben Sie sich umgehend zu Ihrem Rechtsanwalt oder Notar und werden Sie vorsorglich aktiv!

Ausgewählte Fälle

Markante Beispiele helfen mit, Probleme zu erkennen, zu verstehen und Zusammenhänge zu sehen. Die folgenden Beispiele kommen aus der Realität und möglicherweise werden Sie feststellen, dass sich so etwas Ähnliches auch in Ihrer unmittelbaren oder entfernten Verwandtschaft oder im Bekanntenkreis zugetragen hat oder dass Sie einen Bericht über einen ähnlichen Fall schon irgendwo gelesen oder im Fernsehen gesehen haben.

Wie schon im Vorwort erwähnt werden in diesem Kapitel echte Fälle dargestellt, wobei die Orte und Namen verfälscht sind, sodass Rückschlüsse auf das tatsächliche Ereignis faktisch nicht möglich sind. Es sind auch nur Fälle aus dem gewohnten Alltag ausgewählt worden, die sich immer wieder ereignen können. Effekte ausgelöst durch Unfälle im Zusammenhang mit Extremsportarten kommen daher hier nicht vor.

Umfassende Projekte (Hausbau, ...)

So ein Hausbau hat es in sich und ständige Präsenz des Bauherrn ist angesagt, damit hinterher alles den Vorstellungen entspricht.

Es wird schon schwierig, wenn der Bauherr für längere Zeit ausfällt ohne jetzt gleich ins Koma zu fallen. In diesem Fall kann er zumindest noch eigenständig disponieren und Anweisungen geben. Verliert der Bauherr aber seine Entscheidungsfähigkeit, dann sind Überraschungen vorprogrammiert. Es müsste in diesem Fall jemand Dritter dafür sorgen, dass nichts aus dem Ruder läuft.

Wer kann bzw. darf nun anordnen, Handwerker anfordern und zeitlich disponieren, Zement bestellen, die Arbeitsqualität beurteilen, Rechnungen kontrollieren und bezahlen, Förderungen abrufen, …? Wer kontrolliert täglich bzw. stündlich, ob alles nach Plan und auf Kurs läuft, ob sich „genug Wasser unter dem Kiel" befindet, ob das gewollte Ergebnis herauskommen wird? Wer hat jetzt (noch) den umfassenden Überblick?

Unternehmensgründung

Als UnternehmerInnen bewegen Sie meist - in Bezug auf Ihre finanziellen Möglichkeiten - viel Kapital und Sie gehen auch viele Verpflichtungen zu KundInnen, MitarbeiterInnen, LieferantInnen, Banken, ... ein. Außerdem investieren Sie sehr viel „Herzblut" in Ihr neues Lebensprojekt.

Da ist es bestimmt konsequent, zusätzlich zu den erforderlichen Versicherungsverträgen dafür zu sorgen, dass jemand für Sie in Ihrem Sinn kompetent und sicher agiert, wenn Sie z.b. auf unbestimmte Zeit im Koma liegen und daher entscheidungsunfähig sein sollten.

Beispiele aus Ihrer eigenen Umgebung

Es muss nicht immer jemand aus dem eigenen engeren Familienkreis sein, der plötzlich und aus heiterem Himmel mit einem schwer wiegenden Unglück, mit einem erheblichen und/oder langfristigen

Personenschaden konfrontiert ist. Die wesentliche Frage lautet hier: „Was ist, was geschieht, was würde sein, wenn mir das passiert?"

Prominente Betroffene

Auch Prominente sind Menschen aus Fleisch und Blut, und auch sie können daher jederzeit einen geistigen und/oder körperlichen Schaden erleiden, der sie gewissermaßen „aus der Bahn wirft". Die Unterschiede sind allerdings folgende:

- Die Aufmerksamkeit der Medien steigt mit dem Bekanntheitsgrad des / der Betroffenen. Damit werden auch der Vorfall selbst und dessen Folgen rasch publik und sind entsprechend lange Zeit in den Medien gegenwärtig.
- Die prominente Stellung der betroffenen Person bringt einen kleinen Vorteil in der akuten Bewältigung eines Notfalls. Da wird gehandelt und nicht mit „Feierabend" argumentiert.
- Entsprechende finanzielle Reserven beruhigen die Lage und ermöglichen spontane Aktionen (Flüge, Rückholungen, …).

Allerdings stimmt die landläufige Meinung: „Och, der/die hat ja ohnehin genug Geld, der/die kann sich das schon irgendwie richten." nur insofern, als neben der hoffentlich beruhigenden finanziellen Ausstattung auch das richtige persönliche, administrative und kompetente Umfeld zur Verfügung steht, um verschiedenes einfacher und rascher organisieren zu können. Denn wenn z.B. der Assistent eines prominenten Betroffenen zu später Stunde anruft und erklärt: „Will ich für meinen Chef haben, brauche ich für meinen Chef jetzt sofort." dann wird er sicherlich nicht auf die regulären Dienstzeiten verwiesen oder mit: „Geht nicht" abgewimmelt werden.

Letzten Endes gelten auch für prominente Menschen sämtliche gesetzlichen Regelungen und eine fehlende Vollmacht oder Verfügung kann daher auch bei der Prominenz erhebliche Probleme verursachen.

Aufenthalt im (fremdsprachigen) Ausland

Es ist relativ einerlei, ob Sie sich selbst oder Ihre Kinder für mehrere Monate weit weg von zu Hause aufhalten. Es kommt ja darauf an, dass Ihre Familie sofort informiert wird, wenn einem von Ihnen etwas zustößt.

Das im Folgenden beschriebene, einfache und alltäglich mögliche Ereignis dient uns sozusagen als allererste Basis für die weiteren Überlegungen.

Sie befinden sich also im fremdsprachigen Ausland. Bei einem Spaziergang wird Ihnen plötzlich übel und Sie brechen zusammen. Die von einem Passanten verständigte Rettung bringt Sie ins Krankenhaus.

Dort diagnostiziert man zusätzlich zum Kreislaufkollaps ein schweres Schädel-Hirn-Trauma, weil Sie nämlich beim Zusammenbrechen mit dem Hinterkopf ausgerechnet auf der Gehsteigkante aufgeschlagen sind. Um Ihnen Erholung zu gönnen, werden Sie nach der medizinischen Erstversorgung in künstlichen Tiefschlaf versetzt. Inzwischen wird versucht, Ihre

Identität festzustellen, was anhand Ihres Reisepasses auch sofort gelingt.

Es stellt sich nun die Frage, wie Ihre Angehörigen informiert werden können. Ach ja, Sie haben ja den Zettel mit der Bitte um Anruf der Nummer sowieso in Ihrer Geldbörse, und der wird auch gefunden.

Denken wir nun positiv und gehen wir davon aus, dass die Information auch tatsächlich bei der anzurufenden Person ankommt. Diese wird sich nun auf dem schnellsten Weg an den Unfallort bzw. an Ihr Krankenbett begeben und nach dem Rechten sehen (wollen): „Hallo, ich bin Sohn, Tochter, der/die Ehepartner(in) des/der Erkrankten, wie geht es ihm (ihr), ich will zu ihm (ihr), ich will ......!" „Halt, stopp! Haben Sie eine Vollmacht? Ohne Vollmacht dürfen wir keine Auskunft geben wegen Datenschutz und so, und Sie dürfen hier leider nichts wollen!" "Wieso, warum? Ich bin doch Sohn, Tochter, der Gatte, die Gattin, der besonders nahestehende Verwandte?".

In diesem Fall spielen fehlende Vollmachten und fehlende präventive Entscheidungen eine erhebliche Rolle. Speziell fehlt eine Aussage, wer der gewünschte Erwachsenenvertreter sein soll.

EinzelunternehmerInnen

Sie konnten schon lesen, dass etwa 95 % der Unternehmen in der EU eigentümergeführte Klein- und Kleinstunternehmen sind. Bezogen auf Deutschlands insgesamt etwa 3 Mio. Unternehmen sind das immerhin über 2,8 Mio. Unternehmen (der Friseur, die Bäckerei, der Schuhladen, der kleine Supermarkt, ...).

Etwa 1,5 Mio. davon sind wirklich nur Einmann- bzw. Einfraubetriebe (Masseurin, Sonnenstudio, Fußpflegerin, sehr viele Dienstleistungsunternehmen, ...). In diesem Grundkontext spielte sich folgender Fall ab:

    Es handelte sich um eine kleine, aber feine Brauerei irgendwo in Deutschland. Der Eigentümer war Chef und Braumeister in einer Person, hatte also gleich zwei Schlüsselfunktionen inne. Durch einen Gehirnschlag verlor er von einer Minute auf die andere seine Entscheidungsfähigkeit und liegt seither im Koma. Vorsorgevollmachten gab es keine (warum auch?), daher bestellte das zuständige Gericht einen Sachwalter.

    Dieser verwaltet nun das Vermögen des Unternehmers nach bestem Wissen und Gewissen, allerdings anstatt das Unternehmen effizient zu führen. Auch die wichtige Funktion des Braumeisters blieb lange unbesetzt bzw. wurde nur unzureichend ausgefüllt.

    Fazit: Die Familie des Unternehmers kann seit dem Schlaganfall nichts tun als zuschauen, wie die mühsam aufgebaute Brauerei des Onkels langsam aber sicher „den Bach hinuntergeht".

    Positiver Effekt, am Rande als kleine Episode erwähnt: Als einer meiner Schulkollegen, selbst erfolgreicher Unternehmer, von dieser Geschichte hörte, hat er sich sofort im Laufschritt zu seinem Notar begeben und einiges vorsorglich geregelt. Bravo!

Allgemeine Stolpersteine

Verlust der Entscheidungsfähigkeit

Jeder Mensch ist nach dem Erreichen der Volljährigkeit grundsätzlich voll entscheidungsfähig. Er kann daher ab diesem Datum selbstbestimmt und auf eigene Rechnung, Risiko und Gefahr alle möglichen Rechtsgeschäfte abschließen, Entscheidungen treffen, seinen Wohnort bestimmen, seinen Beruf wählen, ... Das Thema „Entscheidungsfähigkeit" betrifft also keineswegs nur Unternehmer und Unternehmerinnen.

Wenn nun jemand seine Entscheidungsfähigkeit verliert, dann braucht es jemanden, der ein Auge auf den Betreffenden wirft und der unter anderem im Wesentlichen darauf achtet, dass sein / ihr materielles Vermögen (wenn eines vorhanden ist) bestmöglich verwaltet wird. Liegt ein präventiv abgegebener Vorschlag vor, wer die Funktion des Vertreters im Falle des Verlustes der Entscheidungsfähigkeit übernehmen soll, dann wird sich das Gericht in aller Regel in seiner Entscheidung danach richten. In Zweifelsfällen oder wenn z.B. in der Familie über die Person des Vertreters Uneinigkeit herrscht, wird das Gericht jemanden Fremden (z.B. einen Rechtsanwalt, Notar, ...) bestimmen, der die Vertretung - jedenfalls gegen Honorar - übernimmt.

Man kann sich leicht vorstellen, wie es sich für die persönliche Umgebung des/der Betroffenen anfühlt, wenn da nun plötzlich jemand Fremder – häufig auch unter Mitwirkung des zuständigen Gerichts und wohlgemerkt in bester Absicht und in sehr vielen

Fällen auch durchaus zielführend und erfolgreich! - in wirklich allen Fragen mitbestimmt, die den bedauernswerten Vater, Onkel, ... (wen auch immer) unmittelbar betreffen.

Bei Vorliegen eines kleinen Unternehmens wird es ferner keineswegs ausreichen, das Unternehmen bloß zu verwalten, es muss hingegen entsprechend geführt werden, um in der heutigen schnelllebigen Zeit überleben zu können. Wenn der Betreffende zusätzlich noch Spezialfunktionen (Braumeister) ausgefüllt hat, dann beginnen die Probleme erst richtig zu wachsen, denn jeder weiß, dass der Braumeister in einer Brauerei letztlich dafür zuständig ist, wie das fertige Bier schmecken wird.

Information der Angehörigen per Zufall

Der Zettel in der Geldbörse „Bitte anrufen..." oder auch die Idee mit der Speicherung von ICE-Nummern auf dem Handy führen leider nur zur Scheinsicherheit. Denn es müssen eine Menge Voraussetzungen „passen", um eine derart angelegte Informationskette auch wirklich ins Rollen zu bringen.

Fehlende Vollmachten und Verfügungen

Das ist das heikelste Thema überhaupt. In manchen Ländern gibt es zwar ein Beistandsrecht für Ehepartner. Das bedeutet, dass Ehepartner von Erkrankten ohne weiteres vom behandelnden Arzt Auskünfte über den Zustand, Behandlungsweg, ... erhalten und auch über Behandlungsmaßnahmen gegebenenfalls mitentscheiden können. In vielen anderen Ländern benötigt jede(r), (auch der / die Ehepartner(in)!), eine Vollmacht, um medizinische Auskünfte zu erhalten und um medizinische Behandlungsmaßnahmen aller Art zu genehmigen oder abzulehnen. Aber sich darauf zu verlassen erscheint einigeraßen riskant zu sein.

Bloßes Hochladen von Dokumenten

Das wird gerne empfohlen, bringt aber im Falle des Verlustes der Entscheidungsfähigkeit keinerlei Nutzen. Nicht einmal dann, wenn jemand anderer weiß, auf welcher Plattform Ihre Dokumente abgelegt sind und wie man an diese Dokumente im Bedarfsfall herankommt, nützt solches Vorgehen. Denn ohne Vollmacht kann „der andere" nichts für Sie tun. Ganz abgesehen davon, dass zum Einschreiten sowieso meistens Originaldokumente vorzulegen sind.

Fehlende Informationen

Stellen Sie sich vor: Sie sind des Kochens unkundig und man stellt Sie in eine supermoderne Küche, denn man möchte von Ihnen ein komplettes Menü für zehn Personen gekocht haben.

Aha, super! Und wie? Und womit? Wo sind die Rezepte, wo sind die Zutaten? Wer erklärt mir auf die Schnelle den Raumschiffherd? Warum fragt er mich immer wieder: „Soll ich wirklich …?"

Genau diese Situation entsteht, wenn Sie eine Vollmacht in die Hand gedrückt bekommen und Sie keinen Zugriff auf relevante Daten und Informationen haben.

Kumulation von Schlüsselfunktionen

Zum privaten Bereich gesellt sich das sehr vielschichtige Thema „Kleinunternehmen".

Es gibt in vielen Unternehmen keinen vorweg organisierten Ersatz bzw. Prozess für den Fall, dass der Chef als Person ausfällt. Denn: „Das Unternehmen bin ich! Noch Fragen?" Oh ja, sehr viele, aber die Antworten darauf gehen schon tief in den Themenbereich der Unternehmensberatung hinein und es würde in diesem Rahmen zu weit führen, hier tiefer einzusteigen. Daher hier nur ein paar beispielhafte Schlagworte:

Aufbau- und Ablauforganisation

Viele Probleme entstehen dadurch, dass in der Aufbau- und Ablauforganisation bislang vielleicht unentdeckte Schwachstellen gibt. Auch Schwachstellen, die zwar bekannt sind, aber die bisher als unbedeutend eingestuft worden sind, können sich durchschlagend negativ auswirken.

Die folgenden beispielhaften Maßnahmen sollen zum Gedankenanstoß beitragen:

- Schlüsselfunktionen doppelt besetzen: z.B. Braumeister, Einkauf für Spezialprodukte (Furniere, Wein, Austern, ...),
- Spezielles Knowhow auf mehrere Leute verteilen,
- Vertretungsbefugnisse regeln,
- Nachfolgefrage möglichst frühzeitig angehen, potenzielle Nachfolger (z.B. die eigenen Kinder)

schon frühzeitig für das Unternehmen begeistern aber keinesfalls hineinzwingen,
- Unterschriftsberechtigung für Bankkonten (Zeichnungsberechtigung oder Verfügungsberechtigung) prüfen und eventuell neu regeln.

Der richtige Zeitpunkt

Aus den bisherigen Darstellungen lassen sich zusammenfassend und weiterführend die folgenden grundlegenden Aspekte und Themen ableiten.

Eine ganz wesentliche Kernfrage dabei lautet:

Wann soll ich denn nun beginnen, mein eigenes Notfallsystem zu entwickeln?

Bei eingetretenem Notfall ist es jedenfalls zu spät! Außerdem ist - wie Sie noch lesen werden - der Aufwand für die Gestaltung Ihre eigenen Notfallsystems je nach Konstellation manchmal erheblich und es braucht daher mitunter auch Zeit, um das alles möglichst „rund" hinzubekommen.

Stellen Sie sich zum Einstieg folgende Frage und schreiben Sie ohne Tabus (das darf man nicht wollen, das gehört sich nicht, ...) nieder:

„Was möchte ich bewahrt sehen, was möchte ich in meinem Sinn weiterentwickelt sehen, wenn ich im Koma gelegen haben sollte und nach einiger Zeit wieder aufwache (egal in welchem Zustand)?"

Diese für Sie offenbar sehr bedeutenden Themen sind ja der wesentliche Grund dafür, dass Sie sich ab jetzt auch mit der Gestaltung Ihres individuellen Notfallsystems beschäftigen werden. Halten Sie unbedingt daran fest, lassen Sie sich auf keinen Fall beirren, denn es gibt für Sie selbst keine wichtigeren Themen!

Es gibt darüber hinaus sehr viele Situationen, die zur Einsicht führen können, diese anspruchsvolle

Aufgabe (endlich) anzugehen. Die folgenden ganz typischen Anlässe sollen helfen Sie zu veranlassen, sich den sprichwörtlichen „Schubs" zu geben und aus innerster Überzeugung und kraftvoll zu sagen: „Jetzt aber...".

Eheschließung, Gründung von Lebenspartnerschaften

Wohl niemand als der/die Ehe- oder die LebenspartnerIn erkennt und versteht, was der/die andere gerade jetzt zum Wohlbefinden braucht und was ihm/ihr besonders wichtig ist. Es bietet sich daher an, sich für den Fall des Falles gegenseitig vorsorglich umfassende Möglichkeiten einzuräumen und abzusichern, in einer schwierigen Situation (z.b. Koma oder plötzliche schwere Erkrankung) möglichst viel für den anderen geliebten Menschen tun zu können.

Geburt eines (Ihres) Kindes

Die Geburt eines Kindes gehört wohl zu den bewegenden Schlüsselerlebnissen im Leben der Eltern. Kinder brauchen eine sichere Hand, die ihnen zeigt, wo es lang geht und sie brauchen jederzeit das Gefühl, willkommen, geborgen und geliebt zu sein. Sie brauchen im Notfall vor allem Menschen rundherum, auf die sie sich verlassen können und die auch bisher gepflogene Erziehungsrahmen einhalten.

Daher ist es ganz besonders wichtig, präventiv für ein gewohntes Umfeld vorzusorgen, das möglichst auch dann noch wirksam bleibt, wenn beide Elternteile für längere Zeit (oder für immer) ausfallen sollten.

Patchworkfamilien

Private Verbindungen zerbrechen, neue Verbindungen entstehen, eventuell vorhandene minderjährige Kinder „fließen" mit. Das ist der Lauf der Zeit, weil sich die individuellen Lebenszeiten verlängern, die individuellen regionalen Wirkungsradien erweitern und weltweite Informationsmöglichkeiten quasi zum Nulltarif zur Verfügung stehen. Lebensabschnittspartnerschaft statt lebenslanger Partnerschaft ist also angesagt.

In solchen Situationen erscheint die rechtzeitige Inanspruchnahme rechtsfreundlicher Beratung unbedingt erforderlich. Wohlgemerkt: Es geht hier nicht nur um das Thema „Testament"! Da lauern noch viele andere Schlaglöcher, denen professionell ausgewichen werden muss.

Unternehmensgründung

Jetzt beginnt ein völlig neuer Lebensabschnitt für Sie. In Ihrem neuen Unternehmen fallen viele Informationen an, die für Ihre Vertrauenspersonen im Notfall rasch und vollständig verfügbar sein müssen.

Sie schließen viele neue Verträge ab und Sie erschließen für sich viele neue Kontakte (Vermieter oder Verpächter, Kunden, Lieferanten, Berater aller Art, Finanzamt, …).

Wenn Ihnen etwas Gravierendes zustößt, dann müssen alle diese neuen Verträge und Kontakte auch in Ihre Hilfestrukturen eingebunden werden. Also, ran an die Datenbank und dokumentieren, dokumentieren, dokumentieren!

Ihre „Kinder" auf Reisen

Ihre Kinder bewegen sich weit weg von Ihnen um zu studieren, um andere Kulturen kennen zu lernen, um ganz einfach ihre Brieffreundschaften zu besuchen und persönlich kennenzulernen, …. Vielleicht haben sie sich auch dafür entschieden, auf völlig unkonventionelle Art durch die Gegend zu „surfen".

Dieses ungewohnte Szenario bedarf des Überdenkens der ausgestellten bzw. der ergänzenden Vollmachten. Welche Länder wollen Ihre Kinder besuchen? Gelten die ausgestellten Vollmachten in allen relevanten Ländern, widersprechen Ihre Vollmachten vielleicht sogar dort geltende Gesetzen? Sind sie in der jeweiligen Amtssprache abgefasst?

Volljährigkeit

Glückwunsch, denn nun werden Ihre „Kinder" volljährig. Sie werden natürlich nicht unversehens volljährig, denn man weiß ja genau, wann der entscheidende Geburtstag angesagt ist. Aber aus Ihren Kindern werden sozusagen über Nacht erwachsene Damen und Herren zumindest im formalrechtlichen Sinn. Besonders beachtenswert wird die Lage, wenn der Zeitpunkt der Volljährigkeit z.B. in einen Auslandsaufenthalt hineinfällt.

Ab nun sind sie selbst für sich verantwortlich. Und wenn Sie ab nun für Ihre „Kinder" einschreiten wollen, weil es ja Ihre „Kinder" sind, bedarf es dazu entsprechender Vollmachten, die Ihr „Kind" für Sie ausstellt (wenn es will). Plötzlich ist Ihr Kind Vollmachtgeber und Sie sind Vollmachtnehmer.

Ab nun kann sich Ihr Kind dagegen erfolgreich wehren, wenn Sie in seinen Unterlagen nach Informationen stöbern. Und es entscheidet auch, ob und wie es sich es sich von Ihnen im Notfall helfen lassen will.

Ja, da kommt Action auf Sie zu!

Übersiedlung

Jetzt ist es ((wieder einmal) an der Zeit, die gesamten Aufzeichnungen zu überarbeiten. Überholtes muss raus, Neues muss rein! Eine wirklich traumhafte Gelegenheit, mit dem Eisenrechen alles aufzulockern und durch Ihre diversen Ablagen zu fahren!

Alleine schon das Beantworten der Frage, wer nun über den Umzug informiert werden soll, gibt reichlich Gelegenheit, die eigenen Unterlagen wieder einmal durchzusehen und z.B. überholte Kontakte endgültig zu löschen.

Organisation ist alles

Neben den rechtlichen Aspekten einer Notfallbewältigung spielt auch eine erhebliche Rolle, welche Zustände und Abläufe vorausgedacht worden sind. Denn gerade in der ersten Phase eines Notfalls muss es mitunter rasch gehen und es bleibt kaum Zeit, sich zusätzlich zum Schreck und Schock noch intensiv mit grundlegenden oder auch nur ergänzenden „Wer-, Was- und Wie-Fragen" zu beschäftigen.

Unser Focus liegt - und das erscheint mir sehr wichtig, ständig im Hinterkopf zu behalten - auf jenen Schadereignissen, die eben nicht zum Tod des bedauernswerten Opfers sondern „nur" zum Verlust seiner Entscheidungsfähigkeit führen.

Beim Tod des/der Betreffenden ist nämlich das Aufarbeiten der Folgen durch die maßgeblichen Hinterbliebenen durch erbrechtliche Elemente (das Erbrecht an sich, Testament, Abhandlung der Verlassenschaft, ...) gesetzlich weitgehend geregelt.

Bei Verlust der Entscheidungsfähigkeit bedarf es hingegen der qualifizierten gesetzlichen Vertretung des Patienten, denn dieser lebt ja noch. In vielen Fällen wird sich außerdem das zuständige Gericht bei diversen Entscheidungen einschalten und - zum Wohle und zum Schutz des Patienten - mitreden wollen. Und hier spielen gekonnt gesetzte Vollmachten und Verfügungen eine wesentliche Rolle, die man - leider - nur präventiv abfassen kann, solange eben das Opfer noch voll entscheidungsfähig selbstbestimmt auftreten und entscheiden kann.

Wer sind überhaupt „die Betroffenen?"

Da sind zunächst die Primärbetroffenen im engeren Sinn zu nennen. Denen ist „es" passiert, sie liegen mehr oder weniger gesundheitlich beeinträchtigt im künstlichen Tiefschlaf und können bis auf weiteres nicht selbst entscheiden bzw. agieren.

Abgesehen davon gibt es eine ganze Menge weitere potentiell oder tatsächlich vom Unglücks- und/oder Krankheitsgeschehen sekundär betroffene Personen oder Einrichtungen, wie z.B.:

- Ihr(e) EhepartnerIn, Ihr(e) LebenspartnerIn,
- Ihre eigene Familie, speziell Ihre Kinder,
- Ihre alten, zu betreuenden Eltern
- Ihr eigenes Unternehmen,
- Ihr Dienstgeber,
- Ihre unmittelbaren MitarbeiterInnen,
- ein wichtiges Projekt, an dem Sie gerade maßgeblich mitwirken,
- Ihre sachlich zuständige(n) Versicherung(en),
- etc., etc.

Der Kreis der sekundär Betroffenen wird damit beschäftigt sein, die Folgen des unglücklichen Geschehens abzufangen und mit ihnen in welcher Form auch immer umzugehen. Er wird auf diese Weise Folgeschäden verhindern oder zumindest klein halten. Je umfassender sie es als die primär betroffene Person bisher vorbeugend geschafft haben, für unerwartete Unfälle oder plötzliche Krankheitsfälle vorzusorgen, desto leichter und einfacher werden es die sekundär

Betroffenen haben, das Geschehen aufzuarbeiten und mit dessen Folgen fertig zu werden.

Daher erscheint es mir wichtig, immer auch an die potentiell sekundär Betroffenen zu denken und sie mit „ins Boot zu holen". Besonders sie sollen ermutigt werden, auf jene Menschen zum Erledigen „ihrer dringlichen, vorsorglichen Hausaufgaben" einzuwirken, für die sie möglicherweise im Falle des Falles aktiv werden sollen, müssen, ... wie auch immer.

Wer informiert wen und wie?

Eine wesentliche, zentrale organisatorische Aufgabenstellung besteht darin dafür zu sorgen, dass die Information über ein Schadereignis (Unfall, Schlaganfall, Infarkt, ...) möglichst zeitnah an die Vertrauenspersonen (EhepartnerInnen, Verwandte, ...) gelangt, sodass diese sofort im Sinne des/der Betroffenen agieren und auftreten können. Wenn auch noch die Entscheidungsfähigkeit des/der Betroffenen beeinträchtigt ist, dann ist hier Tempo, Tempo besonders wesentlich.

Bitte anrufen", ICE-Nummern

Hand aufs Herz: Haben Sie auch so einen kleinen Zettel in Ihrer Geldbörse worauf in welcher Sprache auch immer sinngemäß geschrieben steht: „Bitte rufen Sie im Notfall hier an: +43 456 123 568 9345". Sie könnten auch die Variante mit den ICE-Nummern (**I**n **C**ase of **E**mergency-Telefonnummern) auf Ihrem Handy gewählt haben.

Das sind die aktuell wohl am weitesten verbreiteten organisatorischen Ansätze, um jemanden völlig

Fremden zu einem Anruf in der unter Umständen fernen Heimat zu bewegen, um sich dort mit schockierten Anverwandten in einer möglicherweise nicht ganz geläufigen Sprache über etwas Furchtbares zu unterhalten.

Damit eine vorgegebene Telefonnummer auch wirklich angerufen wird bzw. angerufen werden kann, bedarf es einiger Voraussetzungen.

Also muss die auf diesem Zettel notierte Telefonnummer von dem Land aus, aus dem die angegebene Notrufnummer angerufen werden soll, unbedingt richtig sein und funktionieren. Es ist jedenfalls zu bedenken, dass die zu wählende Landesvorwahl abhängig vom Aufenthaltsort vom gewohnten Standard abweichen kann.

Man erreicht z.b. die österreichische Telefonnummer 0732 xx xx xxx (statt den Zeichen „x" kann man sich beliebige Ziffern vorstellen) aus dem Ausland prinzipiell durch Wählen von +43 732 xx xx xxx, aber eben leider nur prinzipiell.

Aus der Dominikanischen Republik oder aus Amerikanisch-Samoa oder aus den USA müsste man nämlich wählen 01143 732 ..., aus Australien 001143 732 ..., aus Tadschikistan 81043 732 ..., usw. ... Das waren nur ein paar Beispiele, und man sieht schon, dass das Übel wie so oft im Detail liegt. Wie wir außerdem sehen, sind da durchaus Länder dabei, bei denen es nahe liegt sie zu bereisen.

Weitere Voraussetzungen

Grundlegende Voraussetzung ist, dass überhaupt eine Netzverbindung zum Telefonieren gegeben sein muss.

Zusätzlich gilt: Der Finder oder die Finderin

- muss überhaupt befugt sein, ein Auslandsgespräch zu führen,
- muss diesen „Bitte anrufen"-Zettel lesen und verstehen,
- muss diesen „Bitte anrufen"-Zettel ernst nehmen,
- sollte auch wissen, wer angerufen werden, soll (Name, eventuell Verwandtschaftsgrad),
- muss dieses mitunter sehr heikle Gespräch auch subjektiv führen können und wollen und selbstverständlich auch dürfen,
- muss der Sprache des/der Anzurufenden so gut mächtig sein, um sich mit ihm/ihr korrekt, informativ und unmissverständlich zu verständigen,
- muss physisch und aus psychisch in der Lage sein das Unglück und seine Folgen im besten Fall sehr einfühlsam, aber zumindest „Magen und Nerven schonend" zu kommunizieren.

Die angerufene Person muss den Telefonhörer auch tatsächlich abheben und das Gespräch annehmen (dies wird zum Beispiel umso unwahrscheinlicher, je größer der Zeitunterschied zwischen dem Unfallort und dem Aufenthaltsort der angerufenen Person ist).

Die ganze Aktion sollte beim ersten Versuch klappen. Wenn eine solche Notrufnummer als ICE-

Nummer in einem Telefonverzeichnis auf einem Smartphone gespeichert ist, muss zusätzlich erfüllt sein,

- dass der Finder (die Finderin) den ICE-Gedanken überhaupt kennt,
- dass der Finder (die Finderin) daher auf die Idee kommt (und außerdem Zeit hat), im Phone des/der Betroffenen nachzuschauen und zu herumzusuchen,
- dass das Smartphone offen ist bzw. ohne Passworteingabe geöffnet werden kann,
- dass das Smartphone über genügend restliche Akkuleistung verfügt, um darin zu wühlen und um den Anruf durchführen zu können,
- der Finder (die Finderin) mit dem Smartphone des/der Betreffenden ohne Probleme telefonieren kann.

Fehlt auch nur eine dieser Voraussetzungen, dann wird dieser Informationsprozess mit hoher Wahrscheinlichkeit fehlschlagen und die Angehörigen werden daher leider nicht unverzüglich verständigt.

Vorkehrungen für den Fall der Fälle

Für das praktische Umsetzen der folgenden vier Punkte kann wegen der Vielfalt der Anforderungen nur der/die (hoffentlich später niemals) Betroffene zuständig sein. Wichtig ist jedenfalls, dass Sie sich immer bemühen, es Ihren (hoffentlich niemals zum Einschreiten gezwungenen) Vertrauenspersonen so einfach und bequem wie möglich zu machen!

Versicherungsprodukte

Klarerweise stellt sich im Zusammenhang mit Reisen, plötzlichen Erkrankungen und Unfällen speziell im Ausland sofort die Frage, wie man sich denn wohl gegen solche Risiken versichern könne.

Um es ganz klar zu sagen: Eine Versicherung ist von ihrer Zweckbestimmung her dazu da, um finanzielle Schadensabgeltung zu leisten. Sie kann zusätzlich - durch Sie beauftragt - vielleicht einen Installateur, einen Mechaniker etc. zu später Stunde (und zu Sondertarifen) organisieren. Aber in die wirkliche persönliche Hilfekette wird sie sich kaum einschalten können, denn es fehlen ihr dazu ja die Vollmachten.

An vorderster Front ist hier wohl das Produkt „Reiseversicherung" zu nennen, das in manchen höherwertigen Kreditkartentarifen von Haus aus eingebaut ist. Auch viele Versicherungen bieten klarerweise solche Produkte an und auch die Reiseveranstalter sind bestimmt geeignete Ansprechpartner dafür. Last but not least haben die verschiedenen Autofahrerklubs solche Vorsorgen in ihre Schutzbriefe verpackt.

Empfehlenswert ist auch die Kontaktaufnahme mit einem Versicherungsmakler Ihres Vertrauens, der für Ihre speziellen Bedürfnisse die geeigneten Vorschläge parat hat. Jedenfalls sollte man bei den Deckungssummen eher großzügig und beim Akzeptieren von Einschränkungen eher zurückhaltend sein um im Schadensfall versicherungsseitige Aussagen zu vermeiden wie: „L e i d e r ist gerade dieser Fall in Ihrem Vertrag nicht abgedeckt, steht ganz klar in den Versicherungsbedingungen. Da hier sehen Sie, auf Seite 27, links unten, vorletzter Absatz ..."

Ihr persönliches Notfallsystem

Ein funktionierendes privates persönliches Notfallsystem ruht zumindest auf den folgenden fünf Säulen:

- Geld („eiserne Reserve")
- Vertrauenspersonen
- Dokumentensammlung
- Vollmachten/Verfügungen
- Vorausgedachte Abläufe

Vollmachten und Verfügungen sind Themen für Ihren Rechtsanwalt oder Notar. Wir beschäftigen uns daher hier mit jenen zusätzlichen Aspekten, die Sie selbst nach eigenem Gutdünken und Gewissen gestalten können.

Es kann gar nicht oft genug wiederholt werden: Versetzen Sie sich dabei immer in die Lage Ihrer Vertrauenspersonen und machen Sie es Ihren Vertrauenspersonen so einfach wie möglich Ihnen zu helfen!

Geldreserven

Geld ist nicht alles, aber ohne Geld ist alles nichts. Das haben Sie auch schon vorher gewusst. Aber wie soll man diese eiserne Reserve definieren? Zu überlegen sind folgende Punkte:

- Summe
- Zugriffmöglichkeiten
- Versicherungen

Das Festlegen eines zweckmäßigen Sparzieles für Ihre „eiserne Reserve" hängt stark von Ihren individuellen Gegebenheiten ab. Eine alte Faustregel sagt, man solle so viel Geld als eiserne Reserve vorhalten, dass man etwa drei Monate ohne Einschränkungen davon und damit leben kann. Je mehr. desto besser, zu viel sein kann es nie. Es muss aber nicht immer (nur) Bargeld sein. Eine Reserve kann durchaus auch als Dispositionsreserve auf Ihrem Girokonto mit Ihrer Bank vereinbart sein.

Bei den Zugriffmöglichkeiten sollte bedacht werden, dass man im Notfall möglicherweise kaum Zeit findet, zu normalen Öffnungszeiten zur Bank zu gehen und gemütlich einen Betrag x vom Sparbuch abzuheben. Da hilft z.b. Online-Banking weiter.

Die Veranlagung von eisernen Reserven sollte nach dem Grundsatz „Verfügbarkeit schlägt Rendite" erfolgen. Es macht keinen Sinn, eiserne Reserven in Wertpapieren zu veranlagen, denn das Risiko hoher Kursverluste bei Notverkäufen wegen momentanem Liquiditätsbedarf ist erheblich! Ein - leider - niedrig verzinstes aber dafür prompt disponibles Girokonto, über das Sie per Online-banking jederzeit verfügen können, könnte also die erste Wahl sein. Eine allfällige Entscheidung, Bargeld im privaten Safe oder sonst irgendwo zu Hause aufzubewahren bzw. zu verstecken, bedarf des Abwägens von Sicherheitsüberlegungen kombiniert mit Null-Zinsen und Direktzugriff.

Darüber hinaus gibt es im Versicherungsbereich sicherlich jede Menge Produkte- und Produktvarianten, die den Aufbau von Geldreserven für den Tag X positiv beeinflussen könnten. Konkrete Informationen geben Versicherungsmakler sicher gerne. Bei den diversen Gesprächen achten Sie unbedingt darauf, dass ein allfälliges Ablebensrisiko als abzudeckende Risiko in dem hier beschriebenen Zusammenhängen entweder überhaupt keine Rolle oder nur eine sehr intergeordnete Rolle spielt.

Vertrauenspersonen

Über den Begriff „Vertrauenspersonen" konnten Sie in den vorherigen Kapitalen schon einiges lesen. Es sind auf alle Fälle Vertrauenspersonen nötig, die Ihnen im Fall der Fälle engagiert zur Seite stehen wollen und das auch können. Sie müssen in der Lage sein, unmittelbar nach einem Schadereignis eigenverantwortlich die richtigen Schritte zu Ihrem umfassenden Schutz zu setzen. Die wichtigste Voraussetzung dafür ist das Vorhandensein derer voller Entscheidungsfähigkeit. Maßgebliche persönliche Eigenschaften sind darüber hinaus:

- Lösungsorientierung,
- Rechte und Pflichten eines Erwachsenenvertreters kennen,
- aktuelle Probleme ohne Anordnung wahrnehmen und diese lösen können und lösen wollen,
- Bildung, Ausbildung, Wissen,
- Mut,
- Ausdauer,
- Entscheidungsfreude,
- Verantwortungsbewusstsein,

- auch komplexe Zusammenhänge erkennen können,
- physische Belastbarkeit,
- psychische Belastbarkeit,
- Loyalität, Vertrauenswürdigkeit.

Der Einsatz von Vertrauenspersonen hat ja eher kurzfristigen Charakter und dauert in aller Regel so lange, bis die weitere Entwicklung in der Genesung des/der Betroffenen abzusehen ist.

Wenn man sich allerdings auf einen langfristigen Verlust der Entscheidungsfähigkeit einstellen muss, dann wird das Thema „Erwachsenenvertretung" in den Vordergrund rücken.

ErwachsenenvertreterInnen werden zumindest in Österreich immer vom zuständigen Gericht auf Antrag z.B. der Familie, von Sozialdiensten, ... bestellt. Das Gericht prüft zunächst die Notwendigkeit der Bestellung eines Erwachsenenvertreters und folgt dann normalerweise z.B. den in einer Vorsorgevollmacht dargelegten Vorstellungen des Vollmachtgebers (der Vollmachtgeberin) oder den Überlegungen der engsten Verwandten.

Herrscht in diesem Personenkreis jedoch Uneinigkeit über die Person des Erwachsenenvertreters (der Erwachsenenvertreterin) oder über die Aufgabenverteilung untereinander oder vermutet das Gericht Eigeninteressen der sich als ErwachsenenvertreterInnen anbietenden Person(en), dann wird das Gericht jemand Außenstehenden (z.B. einen Rechtsanwalt oder eine Rechtsanwältin, NotarIn) zur ErwachsenenvertreterIn bestellen.

Die formalrechtliche Auslegung dieses Begriffes unterscheidet sich von Land zu Land unter Umständen sehr wesentlich und unterliegt auch zeitlichen Veränderungen bzw. Anpassungen an geänderte Rahmenbedingungen. Während der in der Österreichischen Rechtsordnung vor dem 1. Juli 2018 gültige Begriff der „Sachwalterschaft" mehr oder minder ganzheitlich sowie auf die betreute Person insgesamt und vor allem langfristig ausgerichtet war, wird die Erwachsenenvertretung nach der Rechtslage in Österreich ab dem 1.Juli 2018 sehr spezifisch und in erster Linie als momentan aktuelle Beistandsleistung bei konkreten Entscheidungen gesehen, um Fehlentscheidungen und Fehlentwicklungen beim Klienten zu vermeiden.

Man kann nun über die Berufung von außenstehenden Dritten in die Funktion eines Erwachsenenvertreters denken wie man will. Der naturgemäß fehlende persönliche Bezug der extern bestellten Erwachsenenvertreter zur betreuten Person signalisiert zwar Unabhängigkeit, Objektivität und das korrekte Umsetzen von gesetzlichen Regelungen oder Gerichtsurteilen, erschwert aber andererseits das umfassende Wahrnehmen und Berücksichtigen vermuteter Gefühle und Werthaltungen der betreuten Person bei wichtigen Entscheidungen.

Und: Ein Vertreter nach dem Erwachsenenschutzgesetz bestimmt im Extremfall auch bei sehr intimen Lebensdetails maßgeblich mit! Vielleicht ist das ein Hinweis, sich im Vorfeld jedenfalls um Einigkeit zu bemühen und dem Gericht die Grundlagen für seine Entscheidung bezüglich der Person des

Erwachsenenvertreters inhaltlich fix und fertig aufbereitet vorzulegen.

Ihre Dokumentensammlung

Damit ein persönliches Notfallsystem funktioniert, bedarf es weiters einer sauber nach Sachgebieten geordneten Dokumentensammlung, die auch immer auf dem aktuellen Stand gehaltenen wird.

Die Menschen, die Ihnen helfen sollen oder wollen, haben meistens nicht einmal eine ungefähre Vorstellung davon, in welche Rechtsbeziehungen Sie eingebunden sind und welche Verträge Sie abgeschlossen haben.

Denken Sie auch immer daran, dass sich Personen möglichst rasch zurechtfinden müssen, die Ihre(n) Dokumentenordner noch nie in der Hand gehabt haben. Machen Sie es ihnen möglichst leicht in einer Situation, die für sie wahrscheinlich sehr belastend und schockierend sein wird.

Am Beginn des Aufbaus einer Dokumentensammlung listen Sie zunächst alle Ihre persönlichen Rechtsbeziehungen nach außen und nach innen von A wie Anmeldung zum Skifahrer-Anfängerkurs über K wie anvertraute oder eigene Kinder bis Z wie Zeitungsabonnement auf. Zusätzlich legen Sie eine Liste mit allen persönlichen Vermögenswerten von A wie Aktien über R wie Rabattkarten und V wie Vielfliegerkarten bis Z wie Zirkonanhänger an.

Überlegen Sie nun, welche Dokumente Ihre Vertrauensperson(en) benötigen, um Ihren Rechtsbeziehungen gerecht werden zu können bzw. an Guthaben (z.B. Vielfliegermeilen vor deren Verfall) heranzukommen.

Sammeln Sie in Ihrer Dokumentensammlung jedenfalls nur aktuelle Urkunden, und zwar im Original. Wenn Sie aus persönlichem Interesse auch obsolete Urkunden sammeln wollen (um z.B. zu sehen, wie die Versicherungsprämien stetig ansteigen), dann sammeln Sie die überholten Urkunden bitte anderswo, aber keinesfalls in Ihrem Notfallordner! Ihre Vertrauenspersonen werden es Ihnen danken!

Wenn Sie ein Unternehmen führen, dann wird es auch jede Menge Dokumente geben, die Ihr Unternehmen betreffen. Bitte berücksichtigen Sie in Ihrer Dokumentensammlung immer beide Sphären.

Ihre Sicherheitsfitness

Um Ihre Sicherheitsfitness zu testen, lade ich Sie zu folgendem, sehr erkenntnisträchtigem Test ein. Sie erhalten Hinweise, an welchen Sicherheitsschrauben Sie noch drehen könnten bzw. sollten. Diese Testfolge wird für Sie mitunter sehr interessante Erkenntnisse bringen:

Test 1: Wie lange brauchen Sie selbst, um alle Ihre Notfallpapiere, ein ordentliches Foto neueren Datums, Reisepassdaten, eine Haarsträhne, und alle anderen Dokumente, dies sonst noch wichtig sind, vollständig zusammenzustellen?

Ergebnis: ……. Tage, ……. Stunden

Ihre Bewertung (Schulnoten): ……

Test 2: Wie lange brauchen Ihre engsten Verwandten, um den Test 1 zu absolvieren?

Ergebnis: ……. Tage, ……. Stunden

Ihre Bewertung (Schulnoten): ……

Test 3: Wie lange brauchen Sie selbst, um alle Ihre Kundenkarten, Bonuskarten, Bankomatkarten, Kreditkarten, Internet-Domains etc. inklusive aller Zugangscodes zusammenzustellen?

Ergebnis: ……. Tage, ……. Stunden

Ihre Bewertung (Schulnoten): ……

Test 4: Wie lange brauchen Ihre engsten Verwandten, um den Test 3 zu absolvieren?

Ergebnis: ……. Tage, ……. Stunden

Ihre Bewertung (Schulnoten): ……

Test 5: Wissen Ihre engsten Verwandten bzw. Ihre Vertrauenspersonen, was Sie im Ernstfall von Ihnen an Aktionen erwarten, was sie für Sie erledigen sollen, welche Entscheidungen sie treffen sollen?

JA / NEIN

Haben sie Zugang zu allen dafür nötigen Daten und Informationen und wissen sie, wo diese aufbewahrt sind?

JA / NEIN

Sind alle erforderlichen Vollmachten und Verfügungen vorhanden?

JA / NEIN

Ihre Bewertung (Schulnoten): ......

Ihre Veranlassungen:

_____
_____
_____
_____
_____
_____

_____

Spezielle Fragen und Hinweise

Wenn Sie Ihre Dokumentensammlung bereits zusammengestellt haben, aber sich diese auf mehrere Standorte verteilt, dann legen Sie unbedingt eine Liste mit den verschiedenen Dokumentstandorten an (Büro in Brüssel, Wohnzimmerschrank in Wohnung in Wien, Kleiderschrank im Schlafzimmer im Penthouse in Genf, ...).

Nochmals und immer wieder zur Erinnerung: Machen Sie es Ihren Vertrauenspersonen leicht! Ihre Vertrauenspersonen sollen alle relevanten Dokumente ohne großen Aufwand finden können und sicher sein, dass sie Ihre Dokumentensammlung komplett vor sich haben!

Wenn Sie sich dafür entscheiden, Ihre Dokumentensammlung aus Sicherheitsgründen z.b. in einen Banksafe zu legen, dann bedenken Sie auf alle Fälle, dass der Zugang zu dem betreffenden Banksafe formalrechtlich für Vertrauenspersonen möglich sein muss. Das heißt, es ist eine Zugangsberechtigung auf dem Unterschriftsprobenblatt zum Safe für die betreffende Vertrauensperson einzurichten.

Berücksichtigen Sie ebenfalls auch, dass man zu einem Banksafe nur während der Öffnungszeiten der betreffenden Bank Zugang hat. In diesem Sinne „Gute Nacht", wenn der Zugang zum Dokumentenordner zur Unzeit, also außerhalb der Geschäftszeiten nötig werden sollte!

Vorsicht bei Safes, bei denen die Zugangsberechtigung über Fingerabdruck realisiert wird. Schon wenn der/die eigentliche Berechtigte nur ums Eck im Krankenhaus liegt, sind seine/ihre Fingerkuppen leider nicht verfügbar. In einem solchen Fall unbedingt vorsorgen, dass ein solcher Safe im Notfall auch ohne Fingerabdruck geöffnet werden kann und dass die Voraussetzungen zur Notöffnung durch Dritte gegeben sind.

Wenn wichtige Dokumente vorliegen, die Sie an sich geheim halten woll(t)en (aus Scham, wegen der Steuer, ...), dann kommen Sie nicht umhin vorweg zu entscheiden, was für Sie wichtiger ist bzw. was im Falle des Falles den geringeren Schaden anrichtet:

- Weitere Geheimhaltung oder
- Offenlegung selbst auf die Gefahr hin, dass es bei Aufdeckung ordentlich knallt (Finanzamt, Ehepartner(in), ...).

Man sieht beim Einrichten einer Dokumentensammlung, dass da schon eine ganze Menge an Information zusammenkommt. Aber es tut auch gut und ist übrigens auch sehr aufschlussreich, sich wieder einmal selbst einen Überblick über sein gesamtes formalrechtliches Umfeld zu verschaffen.

Aus meiner persönlichen Erfahrung mit diesem Vorgang des Ordnens und Zusammenstellens kann ich berichten, dass ich diesen Prozess als sehr spannend und überaus aufschlussreich (mit vielen „Oh" und „Ah" durchsetzt) erlebt habe und dass da so manches vergessene Detail überraschend wieder sichtbar geworden ist.

Auch die Mengen haben mich überrascht. So sind „aus dem Stand" heraus plötzlich über 100 (einhundert!) Zugangscodes, Passwörter, Kartennummern, Bonuskarten, Kreditkarten, Bankkarten Internetzugänge, usw. fein säuberlich aufgereiht vor mir gelegen!

Vorausgeplante Abläufe

Schlussendlich sind die Abläufe für den Fall der Fälle zu planen. Es kommt darauf an für den Fall der Fälle die entsprechenden Abläufe festzulegen die gewährleisten, dass wie erwünscht entschieden, gehandelt und dies oder das rechtswirksam durchgesetzt werden kann.

Ein mit mir verwandter Arzt hat mir einmal gesagt: „Bei einem Verunfallten musst Du zuerst schauen, dass Atmung und Kreislauf funktionieren. Dann hast Du Zeit für alles andere." Mit ähnlichen Prioritätsgedanken im Hinterkopf kann man sich auch die Struktur eines individuellen Notfallprogramms vorstellen.

Nehmen Sie sich jedenfalls genug Zeit dazu und geben Sie sich auch die Gelegenheit, das bisher Erarbeitete (durchaus auch gemeinsam mit Ihren Vertrauenspersonen, mit Ihrer Familie, ...) zu kneten und neu zu bewerten. Je „runder" und schlüssiger Ihren Vertrauenspersonen Ihr Konzept erscheint, umso leichter wird es im Falle des Falles umgesetzt werden können.

Ihr persönliches Notfallpaket

Wir kommen nun zu einem entscheidenden Punkt. Hier erfahren Sie, wie Sie vorgehen können, um ein nach Ihren persönlichen Bedürfnissen aufgebautes individuelles Notfallpaket zusammenzustellen.

Der hier beschrieben Prozess ist so aufgebaut, dass Sie ihn in gewissen Zeitabständen immer wieder von vorne durchgehen können:

Das Minimalpaket

Damit Ihr persönliches Notfallsystem überhaupt funktioniert, benötigen Sie auf jeden Fall mindestens eine Vertrauensperson als Informationsdrehkreuz, die Sie vorsorglich zumindest mit einer Patientenvollmacht ausgestattet haben und die auch Ihre Patientenverfügung und Ihre Organentnahmeverfügung in Verwahrung hat und die daher auch die Erstinformation über den Unglücksfall erhalten muss. Mit einer solchen „Grundausstattung" kann diese Vertrauensperson schon zu Ihnen an Ihr Krankenbett eilen und mit den Ärzten über die weiteren medizinischen Behandlungsschritte kompetent reden und mitentscheiden.

Mit einer geeigneten Zeichnungsberechtigung zumindest über eines Ihrer Girokonten (Geschäftskonto, Gehaltskonto, ...) kann diese Vertrauensperson die laufenden Kosten bestreiten und auch die Kosten ihrer eigenen Aktivitäten refinanzieren. Bedenken Sie, dass da unter Umständen sofortige Flüge über den Ozean zu eher teuren Tarifen nötig sein könnten, um Ihnen beizustehen!

Relevante Themen

Bevor Sie sich auf den Weg zu Ihrem Rechtsanwalt oder Notar begeben, stellen Sie alle Themen zusammen, die für Sie aktuell Bedeutung haben.

Urkunden

Nun ordnen Sie Ihren relevanten Themen die entsprechenden Urkunden zu.

Vertrauenspersonen

Zu jedem Thema sollten Sie sich nun überlegen, wem Sie dieses für den Fall der Fälle anvertrauen möchten. Selbstverständlich benötigen Sie nicht für jedes Thema eine eigene Vertrauensperson. Wenn Sie der Meinung sind, Tante Frieda oder Onkel Hugo kann alles abdecken, dann ist das so in Ordnung. Wenn Sie mehrere Vertrauenspersonen nominieren, dann sehen Sie am besten eine Vertrauensperson vor, die die Aktion insgesamt koordiniert. Das könnte z.B. durchaus auch Ihr Rechtsbeistand sein.

Sprechen Sie nun auf alle Fälle mit den von Ihnen vorgesehenen Personen und holen Sie unbedingt deren ausdrückliches Einverständnis zur Betreuung Ihres Themas ein. Fragen Sie auch, welche Informationen und welche sachlichen Vorkehrungen er / sie benötigt, um Ihnen wirklich zur Seite stehen zu können.

Sorgen Sie auch vor, dass Ihre Vertrauenspersonen ihre Auslagen für Sie zeitnah ersetzt erhalten und teilen Sie ihnen diesen Weg zu ihrem Geld auch mit.

Dieses Einverständnis und die vorherige sachliche Abklärung verhindert, dass Ihr Rechtsbeistand im Fall des Falles anruft und dem Ahnungslosen eventuell freudig verkündet: „Sie sind Bevollmächtigte(r) für dieses und jenes. Die Vollmacht ist ans Sie unterwegs, werden Sie bitte nach Erhalt umgehend aktiv!" Vielleicht können Sie sich den Schock vorstellen, den Sie damit auslösen würden.

Bankkontakt

Im Kontakt mit Banken kann es sinnvoll sein, seiner Vertrauensperson rechtzeitig eine Zeichnungsberechtigung für ausgewählte Konten einzuräumen. Diese Vertrauensperson kann dann jederzeit z.b. über dieses bestimmte Konto disponieren.

Vermeiden Sie nach Möglichkeit Kontobezeichnungen mit „und" (z.b. Monika und Herbert Mayrhubermüller). Denn wenn sich der Saldo eines solchen Kontos ins Negative drehen sollte, dann haften für diesen negativen Saldo alle Personen solidarisch und zur ungeteilten Hand, die in der Kontobezeichnung mit dem Wort „und" verknüpft aufscheinen. Für diese Art der solidarischen Haftung bedarf es keiner separaten Bürgschaftserklärung!

Legen Sie auf alle Fälle eine separate Liste mit sämtlichen Nummern aller Konten, Safes, Wertpapierdepots etc. an, die Sie überhaupt führen. Denn auf Konten, die VollmachtnehmerInnen unbekannt sind und die in keiner Bankvollmacht aufscheinen, können Außenstehende normalerweise nicht zugreifen! Lässt das z.b. ein Bankbeamter dennoch zu, weil Sie z.B.

mit ihm sehr gut befreundet sind, dann kann er für diesen (gut gemeinten) Freundschaftsdienst in sehr erhöhte Schwierigkeiten mit fatalen Folgen für alle Beteiligten kommen.

Beschreibung technischer Systeme

Gerade fehlende Beschreibungen von technischen Systemen, deren Funktionen und relevante Parameter dem Betroffenen auch im Schlaf jederzeit geläufig sind, bedeuten für Vertrauenspersonen zumindest erheblichen Zeitverlust und Mühe, wenn sie solche Systeme inhaltlich zuerst mühsam nachvollziehen müssen, bevor sie sinnvoll damit umgehen können.

So kommt es z.b. immer wieder vor, dass niemand weiß, wie die Heizung im eigenen Haus gestartet werden kann, wie die Alarmanlage programmiert werden muss, welche Schaltuhren auf Winter- oder Sommerzeit umzustellen sind, wie man das eigene Haus wintersicher macht und wie man sicher stellt, dass die Goldfische im Gartenteich den nächsten Winter überleben.

Auch das Thema „Smart Home" verdient verstärkt Aufmerksamkeit. Denn das, was das Leben des betreffenden Bewohners sehr komfortabel gestaltet, wird der bevollmächtigten Vertrauensperson möglicherweise die Schweißperlen auf die Stirn treiben und zum Albtraum gereichen.

Rechtsanwalt bzw. Notar

Diese Informationen nehmen Sie gleich zu Ihrem ersten rechtsfreundlichen Beratungstermin mit. Auf

83

der Basis dieser Unterlagen wird Ihnen Ihr Rechtsanwalt oder Notar die für Sie richtigen Vollmachten und Verfügungen empfehlen. Sehr wahrscheinlich wird er aus seiner Erfahrung heraus auch Anregungen für allfällige weitere relevante Themen ableiten, an die Sie im ersten Moment gar nicht gedacht haben.

Wenn „es" passiert ist

Wenn „es" passiert ist, dann sind vom Ablauf her zumindest die in den Abschnitten 0 ff beschriebenen Teilbereiche abzudecken. Hier gebe ich allerdings nur allgemeine Vorschläge, die individuell anzupassen sind. So kann es durchaus sein, dass eine Thematik, die ich in die zweite Prioritätenreihe gesetzt habe, aus der Sicht des Einzelnen durchaus in der Prioritätsstufe 3 oder in der Prioritätsstufe 1 ihren Platz haben soll. Sie werden selbstverständlich auch weitere Themen nach Belieben und Notwendigkeit einfügen.

Erste Priorität

Information vom Ort des Geschehens zu den Vertrauenspersonen.

Diese Information muss sehr rasch und zuverlässig kommen und sie muss daher aktiv von irgendwelchen Menschen (in der Regel Spitalspersonal oder Polizei) ausgelöst werden können, ohne dass sie dadurch von ihrer eigentlichen Tätigkeit zu sehr abgelenkt werden. Daher ist standardisiertes Vorgehen anzustreben.

Rückmeldung durch die Vertrauensperson

Nun ist es wichtig, dass zumindest eine bevollmächtigte Vertrauensperson prompt reagiert. Der Rückmeldungsvorgang verteilt sich am besten auf zwei Ebenen:

1) **Sofortige Rückmeldung an das behandelnde Krankenhaus**

Diese sofortige Rückmeldung informiert das Krankenhaus, dass es bestimmte Vorkehrungen im Zusammenhang mit dem Patienten überhaupt gibt. Hier sollte der Inhalt dieser Vorkehrungen noch weitgehend im Verborgenen bleiben um zu verhindern, dass eventuell brisante Inhalte versehentlich in falsche Hände geraten (persönlicher Datenschutz).

Beispiel für eine solche Rückmeldung an das Krankenhaus:

„Bitte beachten! Es gibt eine Patientenverfügung, es gibt eine Patientenvollmacht, der Patient stimmt einer Organentnahme ausdrücklich nicht zu!"

So erkennt das Krankenhaus sofort: „Achtung, Vorsicht!" Klarerweise sollte eine solche Rückmeldung natürlich in der Sprache erfolgen, die das zuständige Krankenhauspersonal am besten versteht.

Und vor allem: Wegen der erforderlichen Schnelligkeit sollte diese erste Rückmeldung an das Krankenhaus am besten vollautomatisch erfolgen.

2) Komplettierende Rückmeldung durch Vertrauenspersonen

Die komplettierende Rückmeldung durch Vertrauenspersonen des/der Betroffenen versorgt nun das Krankenhaus mit Detailinformationen wie z.b. dem konkreten Inhalt der Patientenverfügung, wer aufgrund einer eventuell vorhandenen Patientenvollmacht entscheiden und handeln darf und wie man sich das weitere Vorgehen vorstellt, etc. ….

Je nach Position im Gesamtprozess, der soeben angelaufen ist, sind die Informationsbedürfnisse unterschiedlich gelagert.

Das **Krankenhaus** wird zuallererst wissen wollen:

- Wer ist der Patient, wo kommt er her, wo wohnt er?
- Wer bezahlt die Krankenhausrechnung?
- Wer ist der/die Bevollmächtigte des Patienten?
- Wie kann man ihn/sie jederzeit erreichen um Informationen auszutauschen?

Vorschnelle, reflexartige Zusagen im besten Wollen können sich als Bumerang allererster Brisanz herausstellen. Bevor Zusagen für Leistungen oder Zahlungen gegeben werden, sollten unbedingt die schriftlichen Deckungszusagen der zuständigen Versicherungen, (Unfallversicherung, Reiseversicherung, Kreditkartenunternehmen, gesetzliche Sozialversicherung, Krankenzusatzversicherung, ...) eingeholt werden.

Empfehlung:

Die Versicherung sollte bei Bedarf zumindest eine Reise des Bevollmächtigten an den Ort des Geschehens bezahlen. Dann kann der/die Bevollmächtigte den/die PatientIn vor Ort unterstützend in allen möglichen Belangen betreuen (Gespräch mit dem behandelnden Arzt, Umsetzen des Patientenwillens, entsprechende Unterbringung, ...)

Die **Bevollmächtigten** des Patienten werden wissen wollen:

- Wer ist vor Ort zuständig für alles, was den Patienten betrifft? Es ist sehr vorteilhaft, wenn hier vom Krankenhaus eine einzige Stelle mit einem Vertreter oder einer Vertreterin namhaft gemacht wird, mit denen sich der/die Bevollmächtigte ordentlich und frei von Missverständnissen verständigen kann.
- Hat die unmittelbare Rückmeldung nach der ersten Schadensmeldung das Krankenhaus erreicht, wurde sie zu Kenntnis genommen und wird die betreffende Person dementsprechend behandelt bzw. gepflegt?
- Wird das Krankenhaus allfällige Patientenwünsche weiterhin auch bereits auf der Basis von per eMail-Attachment an das Krankenhaus übermittelten PDF-Dateien umsetzen (selbstverständlich mit Nachreichen der beglaubigten Dokumentkopien) oder will das Krankenhaus erst bei Vorlage der beglaubigten Kopien im Sinne der Wünsche des Patienten agieren?
- Wie kommen die beglaubigten Kopien der betreffenden Dokumente an den Ort des Geschehens (in das betreffende Krankenhaus)? Ist Expresspostversand rasch genug oder soll man besser sofort hinfahren oder hinfliegen? Behalten Sie jedenfalls die Originaldokumente bei sich und geben Sie nur beglaubigte Kopien oder beglaubigte Übersetzungen aus der Hand.
- Wie geht es dem Patienten im Detail (Diagnosen und Prognosen)?

- Ist der Patient transportfähig? Kann Krankentransport nach Hause organisiert werden?
- Wie wird gewährleistet, dass tatsächlich nur die gewünschte medizinische Betreuung am Patienten durchgeführt wird? Das ist mitunter eine sehr heikle und schwierige Aufgabe, die möglicherweise das direkte persönliche und vor allem wertschätzende Gespräch mit den medizinisch Verantwortlichen erfordert.

Es steht mit Sicherheit außer Frage, dass sich das Ärzteteam vor Ort im Rahmen der dort gegebenen Möglichkeiten redlich bemühen wird, das aus seiner Sicht Bestmögliche für den/die Betroffene(n) zu tun. Allerdings decken sich diese Vorstellungen nicht immer mit den Erwartungshaltungen des/der PatientIn und/oder der Vertrauenspersonen. Schon die gegebenen medizinischen Möglichkeiten und die Unterbringung im betreffenden Krankenhaus bzw. der gefühlte Ausbildungsstand des dort tätigen Personals kann Anlass dazu sein, höflich aber bestimmt auf dem umgehenden Transport des/der PatienIn an den Wohnort zu bestehen, wenn dies aus medizinischer Sicht möglich ist. Man sollte auch beachten, dass alleine schon die Besuchsmöglichkeit durch vertraute Personen dem/der PatientIn ein Gefühl der allgemeinen Sicherheit vermittelt und so einen wertvollen Beitrag zum Genesungsfortschritt leisten kann.

Zweite Priorität

Die zweite Priorität lautet ganz klar: Absichern der persönlichen Existenz, des persönlichen Vermögens und der Familie des/der Betroffenen.

Vielleicht wird es Sie unangenehm berühren, dass ich hier „Persönliches Vermögen" vor „Familie" gesetzt habe. Der kontrollierte Fortbestand einer Familie hängt in unseren westlichen Industriestaaten nun einmal davon ab, dass Geld in entsprechender Menge zur Verfügung steht. Es ist daher vernünftiger, zunächst z.b. den Fortbestand der Wohnmöglichkeit abzusichern und sich erst anschließend um die Familie als solche intensiv zu kümmern (z.b. auf psychologischer Ebene, ...). Also, zuerst das Rettungsboot an sich klar machen und erst dann trösten.

Schnelligkeit, Übersicht und Klarheit sind hier notwendig. Dem persönlichen Umfeld des/der Betroffenen ist stets zu signalisieren, dass sich alles unter Kontrolle befindet, dass alles Menschenmögliche getan wird, um dem/der Betroffenen bestmöglich zur Seite zu stehen und dass alles seinen rechten Weg geht. Es sind hier z.b. folgende Fragen zu beantworten:

- Ist sichergestellt, dass die monatlichen Routinezahlungen (Wohnung, Strom, Heizung, Schulgeld, Telefon, Internetanschluss, ...) fristgerecht erledigt bzw. durchgeführt werden?

- Ist dafür gesorgt, dass alle im Haushalt lebenden Personen und Tiere ihre gewohnte Ernährung und Zuwendung erhalten (Aufsicht und Erziehung von Kindern, Pflege der kranken Mutter, kompetente Fütterung der wertvollen Zierfische, oder des Familienleguans, ...)?

Bei Vorhandensein von Kindern sollte unbedingt verhindert werden, dass sich die Fürsorge oder andere öffentlich-rechtliche Einrichtungen um sie kümmern (müssen). Denn gerade in einem Ausnahmefall ist es wichtig, den Kindern ihr gewohntes Lebensumfeld zu erhalten.

Das bedeutet, dass sie von ihnen bekannten (und von ihnen anerkannten und geschätzten!) Personen versorgt werden und dass ihr Tagesablauf möglichst unverändert bleibt. Und schließlich sollen Kinder auch in einem Ausnahmefall nach den bisher gewohnten Regeln geführt und erzogen werden!

Dritte Priorität

Alles andere, wie z.b. das Aufnehmen des Bankkontaktes, das kleine Unternehmen (Mitarbeiter, Kunden und Lieferanten informieren, Termine absagen, für fachlich kompetente Vertretung sorgen, mit der Bank reden,...) und sonstiges, wie z.b. das Aufarbeiten aller Verträge durch die Vertrauenspersonen und das Setzen allfälliger dazugehörender Maßnahmen wie Stilllegungen, Abmeldungen von Fahrzeugen,... folgt nun hinterher oder bestenfalls parallel, wenn erste und zweite Prioritäten erledigt sind.

Umsetzung

Um Ihnen die Gestaltung Ihres persönlichen Notfallsystems zu erleichtern, können Sie die folgenden Aufgaben Schritt für Schritt durcharbeiten. Bestimmt gibt es in Ihrem ganz speziellen Fall Sonderthemen, die hier nicht beschrieben sind. Bitte ergänzen Sie in diesem Fall diese Aufgabensammlung.

Das macht Ihr Leben wertvoll

Das, was Sie unter dieser Überschrift eintragen, gibt Ihnen unter anderem die Antwort auf folgende Fragen:

- Was möchten Sie für sich bewahren? Denken Sie jedenfalls auch an sich selbst!
- Für wen sorgen Sie vor?
- Wer sind Ihre Vertrauensperson(en)

Hier sollen alle jene Personen benannt werden, die im Fall der Fälle konkrete Aufgaben wahrnehmen sollen. Sind mehrere Vertrauenspersonen nominiert, so ist es durchaus sinnvoll, eine Vertrauensperson - nämlich die Hauptvertrauensperson - mit Koordinationsaufgaben zu betrauen. Es sollte sich um jemanden handeln, der/die von seiner/ihrer Persönlichkeit her als „Ruhepol im Chaos" wirken kann.

Wichtig ist auch, die explizite Zusage der betreffenden Personen einzuholen. Ihre Vertrauenspersonen sollen die Chance erhalten, aus freiem Willen JA oder NEIN zur Übernahme dieser Aufgabe zu sagen und gegebenenfalls auch ihre Bedingungen oder Bedenken dazu zu äußern, zu sagen, was sie sich dafür erwarten (Geld, Gegenleistungen,...) und / oder welche Voraussetzungen sie als wichtig ansehen (Zugang zu welchen Informationen, Mitwirkung bestimmter anderer Personen,...), um für Sie in dieser Mission tätig zu werden.

1) Liste der Verfügungen und Vollmachten

Es ist ganz wichtig, dass Sie eine Liste Ihrer Verfügungen und Vollmachten aktuell vorhalten:

Thema:
_____

Datum: _____

Aufbewahrungsort: _____

Thema:
_____

Datum: _____

Aufbewahrungsort: _____

Thema:
_____

Datum: _____

Aufbewahrungsort: _____

Thema:
_____

Datum: _____

Aufbewahrungsort: _____

Thema:

Datum: _____

Aufbewahrungsort: _____

Thema:

Datum: _____

Aufbewahrungsort: _____

2) Ihre Vertretungen

Arbeitsblatt: Vertretungen für mich

Wer	Walter	Hermann	Ursula	Hilde
Zustimmung des/der Bevollmächtigten vorhanden?				
Vollmacht erstellt und erteilt				
Sind alle meine Anweisungen verstanden worden?				
Sind alle Informationen vorhanden?				
Zuständigkeiten für				
Das sollte unbedingt sein				
Hauptvertrauensperson (Erste(r) AnsprechpartnerIn, Koordination,...)				
"Einsammeln": Pelzmantel vom Kürschner, Auto aus der Parkgarage oder Werkstätte holen, ...				
"Stornieren": Theaterkarten, Konzertkarten, gebuchter Urlaub, gebuchte Geschäftsreisen, vereinbarte Termine (geschäftlich, privat), Abonnements,...				
Patientenverfügung				
Organentnahmeverfügung				
Patientenvollmacht, Kontakt mit Krankenhaus, Arzt, Pflege, ...				
Geldangelegenheiten, Bankkontakte, Kreditkarten, Bonuskarten, Vielfliegerkarten,...				
PC (wer darf hineinschauen, Wartung, Updates,...)				
Kotakte im Internet (Facebook, eigene Homepage eMails,...)				
Das ist für mich wichtig				
Erziehung + Betreuung Klein Josef				
Mein Leguan				
Meine Rosen				
Mein Unternehmen				
Mein Bauernhof: Getreide				
Mein Bauernhof: Schnapsbrennerei				
Hirsche				
Eigenjagd				
Fischzucht				
Liegenschaft Karibik				
Meine Yacht in der Karibik				

3) Schlüsselinformationen

Damit Ihre Vertrauenspersonen für Sie tätig werden können, benötigen sie eine Menge Informationen. Für allfällig nötige gentechnische Identifizierungen denen Sie bitte auch an ein Haarbüschel, das Sie am besten in einem Kuvert in Ihrem Dokumentenordner ablegen.

Wenn Sie keinen PC oder Laptop verwenden, dann schreiben Sie die folgenden Informationen auf Papier nieder und legen Sie sie übersichtlich in einem Papierordner gemeinsam mit den Originaldokumenten ab.

Wenn Sie einen PC oder Laptop betreiben, dann notieren Sie jedenfalls das Computerpasswort sowie einen Verweis auf jenen elektronischen Ordner, der zumindest die folgenden Informationen enthält.

Eine im Notfall brauchbare Dokumentenablage sollte zumindest die folgenden Urkunden und Informationen enthalten. Diese Aufzählung ist als Anregung ohne jeden Anspruch auf Vollständigkeit gedacht.

Tipp: Legen Sie um die Übersicht zu bewahren z.b. eine EXCEL-Datei an und verwenden Sie für jedes Thema (z.B. Internetdomains, Bankkarten, Kreditkarten, …) ein separates Arbeitsblatt. Benennen Sie die einzelnen Spalten der Arbeitsblätter wie bei den einzelnen Themen beschrieben.

Scheuen Sie sich nicht, die hier angeführten Vorschläge beliebig zu erweitern.

Allgemeine Daten

- Vor- und Zuname des Eigentümers der Urkunden (der Dokumentenmappe)
- Genaue Wohnungsanschrift (auch von Zweitwohnungen, ...)
- InhaberIn von Ersatzschlüsseln (Name, Adresse, Telefonnummer)
- Aktuelle Fotos vom Eigentümer der Urkunden (Postkartengröße, druckreife Auflösung mind. 300 dpi), am besten vom Fotografen hergestellt
- Kopie der Bildseite des Reisepasses oder eines sonstigen wesentlichen amtlichen Ausweisdokuments
- Kopien relevanter Visa
- 1 Haarbüschel zur DNA-Identifikation
- Kopie des Führerscheines
- Geburtsurkunde ++
- Staatsbürgerschaftsnachweis ++
- Urkunden zur Religionszugehörigkeit +
- Urkunden betreffend den Familienstand (z.b. Heiratsurkunde, ...) ++
- Urkunden über die Zuerkennung akademischer Grade (z.B. Dr., Mag., ...) ++
- Urkunden über die Zuerkennung erworbener bzw. verliehener Titel (z.b. Professor, Ministerialrat, ...) ++
- Testament
- Patientenverfügung ++
- Organentnahmeverfügung ++
- Sonstige Verfügungen ++
- Kopien aller an Außenstehende ausgestellten Vollmachten

- Fotos und Beschreibung zumindest der objektiv und subjektiv wichtigsten Wertgegenstände. Zum Unterschied zwischen objektiven und subjektiven Werten: Einem Gemälde von Egon Schiele oder Oskar Kokoschka wird man wohl objektiv hohen Sammlerwert zumessen. Ein Löffel, mit dem Sie das erste Mal nach Ihrem schweren Unfall vor drei Jahren wieder selbständig gegessen haben, hat hingegen für Sie selbst möglicherweise einen hohen subjektiven (ideellen) Wert.

Zeichenerklärung:
+ = zusätzlich eine Kopie der Urkunde
++ = zusätzlich eine beglaubigte Kopie der Urkunde.

Ausgelagerte Gegenstände

Hier geht es z.b. um Ihren wertvollen Pelzmantel in der Reinigung, Ihren Ferrari in der Werkstätte, Ihre Verstärkeranlage und Ihre anderen Musikinstrumente im Proberaum, Ihr Segelflugzeug auf dem Flugplatz, Ihre Segelyacht in der Marina in Griechenland. Auch an andere Personen verborgte Gegenstände wie z.B. Bücher, CDs, … fallen in diese Kategorie.

Wichtig ist die eindeutige Beschreibung mit Herstellerangaben, Seriennummer, eventuell mit Foto.

Ihr Geld in fremden Händen

Vergessen Sie keinesfalls an andere Personen verborgte Geldbeträge. Relevant sind auch

Forderungen, die Sie gegen andere Personen aufgrund von erbrachten Lieferungen oder Leistungen haben. Umgekehrt könnte es auch Verbindlichkeiten geben, die andere Personen einfordern könnten. Geben Sie Ihren Vertrauenspersonen alle Informationen an die Hand, damit diese die Rechtmäßigkeit einer Zahlungsaufforderung prüfen können.

Terminkalender

Vermeiden Sie unnötigen Ärger z.b. bei Ihren KundInnen und lassen Sie zu, dass Ihr Terminkalender von zumindest einer Ihrer Vertrauenspersonen bearbeitet werden kann um KundInnen über Ihr Schicksal zu informieren, Termine zu stornieren, zu verlegen, ...

Dazu ist vorweg jedenfalls zu klären, wo der aktuellste Terminkalender zu finden ist. Wenn er auf dem PC liegt, soll hier beschreiben sein, wie er zum Lesen und Bearbeiten geöffnet werden kann.

Tipp: Wenn Sie noch einen Terminkalender in Papierform führen, dann steigen Sie so rasch wie möglich auf eine rechnergestützte Variante um. Sie erleichtern die Arbeit Ihrer Vertrauenspersonen ungemein.

Gesundheit

- Hausarzt: Name, Anschrift, Fachgebiet, Telefonnummer, eMail-Adresse des Hausarztes (der Hausärztin)
- Daten allfälliger weiterer ÄrztInnen.

- Angaben über sonstige wesentliche Informationen zu Ihrer Gesundheit
  - wesentliche Medikamente und deren Dosierung
  - aktuelle Erkrankungen (Diabetes, Bluthochdruck, ...)
  - schwere überstandene Erkrankungen mit aktuell gegebenen Nachwirkungen (Lähmungserscheinungen nach überstandener Kinderlähmung, ...)
  - periodisch erforderliche medizinische Behandlungen (Dialyse), ...
  - Ergebnisse der letzten Vorsorgeuntersuchung.

Unbedingt vorhanden sein sollte auch eine Vollmacht für zumindest eine Vertrauensperson, die die Ärzte bzw. das Krankenhaus von ihrer Schweigepflicht enthebt. Bevollmächtigte Vertrauensperson sollen ja mit den Ärzten des Betroffenen ausführlich sprechen können.

Nahestehende Personen

- Name(n), Anschrift(en),
- Verbundenheitsgrad (EhepartnerIn, LebenspartnerIn, Tochter, Sohn, GeschäftspartnerIn ...),
- Telefonnummer(n), ergänzt mit internationalen Vorwahlen
- eMail-Adresse(n),
- Erziehungsgrundsätze für minderjährige Kinder
- gewünschte Betreuungspersonen für minderjährige Kinder und pflegebedürftige Personen benennen (hier wichtig: eine entsprechende

Vollmacht für die gewünschten Betreuungspersonen vorsehen), ...

Computer, Internet

- Alle Passwörter sowie auch die Regeln, nach denen Sie periodisch alle Passwörter ändern.
- Alle Internetdomains mit Zugangscodes, alle Ihnen zur Verfügung stehende Webserver und Zugänge zu Clouds.
- Wenn Sie eine eigene Homepage betreiben, dann vergessen Sie bitte nicht auf Angaben, wie und auf welchen Server Sie Ihre relevanten Dateien hochladen und in welchem Ordner sich diese auf Ihrem PC befinden.

Smart Home

Beschreiben Sie hier eindeutig und vor allem klar, wie Ihr Smart Home funktioniert. Das, was für Sie sonnenklar ist, stellt Ihre Vertrauenspersonen eventuell vor knifflige Aufgaben, zu deren Lösung sie wertvolle Zeit und Mühe „verbraten". Wieder und wieder betone ich: „Machen Sie es Ihren Vertrauenspersonen so einfach wie möglich!"

Kontoverbindungen

Zur Definition eines Bankkontos, Sparbuchs, Bausparvertrags - um nur einige Varianten anzuführen - benötigen Sie jedenfalls folgende Angaben:

- Name des Instituts (Bank, Leasinggeber, ...) inkl. Adresse und Telefonnummer, bei dem das

betreffende Konto geführt wird. Wenn der zuständige Sachbearbeiter / Kundenbetreuer bekannt ist, erleichtert das die ganze Aktion.
- Kontonummer, Vertragsnummer
- Art und Zweck der Kontoverbindung (Abstattungskredit, Kontokorrentkredit, Sparkonto, ...)
- Bezeichnung (Name des Kontos)
- Verfügungsberechtigte
- Zeichnungsberechtigte
- Form der Kontoverfügung (einzeln, kollektiv? Wenn kollektiv, denn mit wem?)
- Art der Besicherung (nur bei Kreditkonten)
- Ist das Konto verpfändet (wenn ja, zu wessen Gunsten, für welchen Kredit-/Leasingvertrag?)
- Dauer- und Einzugsaufträge
- Einzugsermächtigungen

Banksafes

Im Zusammenhang mit Banksafes gelten dieselben strengen Sicherheitsbestimmungen, die im Bankbereich auch für alle anderen Kontoverbindungen anzuwenden sind:
- Name der Bank inkl. Adresse und Telefonnummer
- Nummer des Safes
- Lagerort des Schlüssels für den Safe
- Allfällige Zahlenkombination
- Zweckwidmung
- Typischer Inhalt

Wertpapierdepot

- Depotnummer

- Name der Bank inkl. Adresse und Telefonnummer
- Zweckwidmung
- Verfügungsberechtigung
- Veranlagungsstrategie

Kreditkarten

- Kartennummer, Vertragsnummer
- Name des Kreditkartenunternehmens inkl. Adresse und Telefonnummer
- Bonifikationen (z.b. verbundene Versicherungsleistungen, Flugmeilen, ...)
- zur laufenden Saldoabdeckung vorgesehenes Bankkonto

Verträge

Jemand, der seine Entscheidungsfähigkeit verloren hat, lebt dennoch weiter. Aus diesem Grund laufen auch alle seine bisherigen formalrechtlichen Beziehungen nahtlos weiter, wenn nicht eine Vertrauensperson handelt. Allerdings kann es durch das Krankheitsbild zu einer mitunter gravierenden Änderung der Lebensperspektive(n) der betroffenen Person kommen. Präventive Klarstellung für den Umgang mit diesen Verträgen ist daher unbedingt erforderlich. Damit die Vertrauensperson umfassend agieren kann, sollte(n) die entsprechende(n) Handlungsvollmacht(en) genügend Freiraum zum Agieren vorsehen.

Im Falle des Falles wird zumindest zu entscheiden sein, ob und in welchem Umfang ein solcher

Vertrag weitergeführt werden soll bzw. überhaupt weitergeführt werden kann.

Es sind die Konsequenzen der Fortführung (allgemeine Kosten, weiterlaufende Miete, ...) ebenso zu bedenken wie die Konsequenzen einer Auflösung (Ausstiegsklauseln, Kosten der Beendigung, Wegfall von Räumlichkeiten etwa zur Geschäftsausübung, Wegfall der Wohnmöglichkeit, Wegfall von Versicherungsschutz, ...).

Verträge mit Versicherungen

- Vertragsnummer
- Name der Versicherung inkl. Adresse und Telefonnummer
- Sparte (Hausrat, Feuer, Einbruch, ...)
- Prämienfälligkeit, Höhe der Prämie, einzuzahlen auf welches Konto, Dotierung von welchem Konto)
- Besteht das versicherte Risiko weiter oder kann der betreffende Versicherungsvertrag unter Hinweis auf den Wegfall des versicherten Risikos ohne Probleme gekündigt werden?

Verträge mit Telefonanbietern

- Telefonnummer
- Name, Adresse des Diensteanbieters
- Kündigungsmöglichkeiten

Internet

- Verträge mit Internetprovidern
- Vertragsnummer

- Name und Adresse des Internetproviders
- Zugangscodes
- Betreuung von Webseiten und eMail-Konten
- Weitere Konten (Windows, Google, Twitter, Facebook, etc.)
- Guthaben bei Anbietern z.b. von Internettelefonie (Skype, …)
- Kündigungsmöglichkeiten
- Internetdomains. Internetdomains können mitunter sehr wertvoll sein und die Marktstellung des Domaineigentümers nachhaltig in jede denkbare Richtung beeinflussen.

Miet- und Pachtverträge

- Vermieter, Mieter
- Laufzeiten
- Inhalt
- Leistungsvereinbarungen
- Kündigungsmöglichkeiten

Gebuchte Reisen

- Reiseveranstalter, Airline, …
- Daten einer allfälligen Reiserücktrittsverssicherung (Versicherer, Vertragsnummer, …)
- Rücktrittsregeln
- Daten einer allfälligen Reisekranken- oder Unfallversicherung
- Möglichkeiten zur Umbuchung
- Möglichkeit zur Änderung von Reiseteilnehmern

Bonuskarten

- Kartennummer
- Thema, Inhalt (Vielfliegerkarte, Rabattkarte, Abonnement, ...)
- Regelungen bez. Des Verfalls von Guthaben
- Möglichkeiten der Übertragung auf andere Personen
- Guthaben absichern oder auszahlen lassen

Fahrzeuge

Bitte denken Sie wirklich an alle Ihre Fahrzeuge und vergessen Sie nicht auf allfällige Luft- und Wasserfahrzeuge:

- Typenscheine bzw. Bescheide über Einzelgenehmigungen für alle Fahrzeuge
- Kopien aller Fahrzeugpapiere (Zulassungsschein, ...)
- Urkunden bezüglich der Fahrzeugversicherung(en)
- Diverse Vollmacht(en) zum Abmelden, Anmelden, Verkauf dieser Fahrzeuge
- Technische Anleitungen jedenfalls zum Stilllegen bzw. Einwintern (speziell Caravans, Boote, ...)
- Aufbewahrungsort(e) von Ersatzschlüsseln
- Liegeplatzverträge
- Verträge zum Dauercamping
- Leasingverträge

Liegenschaften

- Aktuelle Grundbuchauszüge sowie Urkunden über weitere damit zusammenhängende

Rechtsverhältnisse (Pacht, Miete, Dienstbarkeiten, Wegerechte, ...)
- Zugänge
- Aufbewahrungsort der Gebäudeschlüssel
- Beschreibung der wichtigsten technischen Einrichtungen

Sonstige Rechte

- Markenrechte, Lizenzen, Patente, etc. ... Auf solche Rechte wird gerne vergessen.
- Miet- und Pachtverträge

Verpflichtungen

- Verpflichtungen zur Obsorge
- Übernommene Vertretungen im Sinne des Erwachsenenschutzgesetzes
- Verpflichtungen zu zum Bezahlen von Unterhaltsleistungen, Alimenten

Testphase

Stellen Sie immer wieder vor, wie es Ihren Vertrauenspersonen gehen würde, die Ihnen anlässlich eines Schadereignisses ohne Verzug beistehen sollen.

Spielen Sie typische Szenarien durch und verwenden Sie zu deren Bewältigung ganz bewusst nur jene Informationen, die Sie hier aufgezeichnet bzw. niedergeschrieben haben.

Begeben Sie sich in die Position Ihrer Vertrauensperson(en). Schalten Sie dabei Ihr eigenes Wissen bestmöglich weg und vermeiden Sie Behauptungen wie: „Also, das müsste aber nun wirklich klar sein!"

Nur so stellen Sie fest, ob Sie es Ihren Vertrauenspersonen wirklich so einfach wie möglich gemacht haben, für Sie aktiv zu werden und Ihnen zu helfen.

Nachwort

Sie haben - so hoffe ich - schon beim ersten Lesen erkannt, wie bedeutungsvoll Ihre individuelle Selbstvorsorge für den Fall des Verlustes Ihrer eigenen Entscheidungsfähigkeit ist. So ferne Sie nicht bereits begonnen haben, sich Ihre Gedanken dazu zu notieren, starten Sie bitte rechtzeitig und lassen Sie nicht locker. Es kann schon zu spät sein, bevor Sie fast fertig sind!

Das System „**emercard**" wird Ihre Notfallinformationen im Falle des Falles elegant und sicher an das Krankenhaus und an Ihre Vertrauensperson(en) weiterleiten bzw. verteilen.

In diesem Sinn wünsche ich Ihnen viel Schwung und „Gutes Gelingen"!